유학생을 위한 Korean Ver.

회계원리

오웅락 심준용 최수정

퍼블리셔

머리말

우리는 한 국가에서 태어나 그 나라의 언어를 습득하고 사용함으로써 구성원이 되고, 규칙을 만들고 지킴으로써 국가를 유지합니다. 기업도 기업의 내부는 물론 외부의 다양한 관계자들과 올바른 의사소통을 하기 위해서 기업의 언어가 필요하며, 이러한 기업의 언어가 적정하게 사용되고 있는지를 확인하기 위해서 규칙이 필요합니다. 여기서 기업의 언어란 바로 회계를 의미하며, 규칙은 회계기준이 됩니다. 즉 기업은 회계기준이라는 규칙에 따라 회계라는 언어를 사용해서 경영활동을 하게 되며, 기업과 관련된 많은 관계자들도 회계라는 언어를 통해서 경영활동을 이해하고 합리적인 의사결정을 하게 됩니다. 따라서 회계는 하나의 전공에서 다루는 학문이 아닌 기업 활동에 참여하면 반드시 익혀야 할 필수 언어라고 볼 수 있습니다. 특히 대한민국의 회계기준은 국제회계기준을 따르고 있기 때문에, 대한민국의 회계를 배운다는 것은 국제적으로도 통용될 수 있는 회계를 배우는 것입니다.

최근 글로벌 인재의 양성이라는 시대적 흐름에 발맞추어 10만 명이 훨씬 넘는 유학생들이 대한민국의 대학에서 그들의 꿈을 키워가고 있습니다. 현재 많은 대학들이 유학생들의 학습능력을 제고하고자 다양한 학습방법들을 시도하고 있으나, 정작 유학생들을 위한 교재 개발은 미약한 상황입니다. 따라서 본서는 회계를 처음 접하는 유학생들이 알기 쉽게 회계학을 학습할 수 있도록 기초적인 내용 중심으로 집필되었으며, 특히 유학생들의 사용 언어 중에서 가장 큰 비중을 차지하는 중국어로 번역된 교재도 함께 출간하였습니다. 향후 다른 외국어로도 점차 확대하여 번역된 교재를 출간할 예정입니다.

회계라는 새로운 언어를 습득하는 과정은 많은 노력과 인내가 필요하지만, 그러한 노력과 인내가 좀 더 쉽게 결실을 맺을 수 있도록 교재를 집필하였습니다. 구체적인 본서의 특징은 다음과 같습니다.

(1) 순차적 구성

기초부터 순차적으로 중요 내용을 추가하는 방식으로 회계의 기본 원리를 단계별로 이해할 수 있도록 구성하였습니다. 예를 들어 2장의 예제와 연습문제에서 제시된 분개와 전기가 3장의 예제와 연습문제로 연결되어 재무제표를 작성하게 되는 과정은 이러한 취지를 반영한 것입니다.

(2) 회계원리 수준에 맞는 쉬운 구성

한 학기 동안 모든 내용을 학습할 수 있는 분량으로 내용을 구성하기 위해서, 원리 수준에 부합하는 내용만을 다루었습니다. 따라서 회계원리 수준에서 다루지 않아도 될 내용은 과감하게 제외하고 필수적인 주제와 기초 개념을 위주로 쉽게 이해할 수 있도록 집필하였습니다.

(3) 한국어 버전 및 중국어 버전으로 구성

언어적 어려움으로 회계를 더 이해하기 힘든 유학생들을 위해서, 알기 쉽게 집필된 한국어 버전의 회계원리는 물론 동일한 내용으로 구성된 중국어 버전까지 출간하였습니다. 또한, 교재 안에 한국과 중국 양국의 회계기준 상 주요 차이점 및 중국에서 통용되는 회계 용어를 수록하고, 중국에서 회계 학습을 하기에 유용한 팁을 소개하였습니다. 이를 통해 본 교재는 향후 중국에서 경력을 이어나갈 계획에 있는 유학생 및 해외에 진출한 중국기업에 종사할 예정인 유학생들에게 도움이 될 것이라 기대합니다. 현재는 중국어 버전을 구성하였으나, 저자들은 앞으로 유학생들을 위해서 더 많은 외국어 버전을 출간할 계획을 가지고 있습니다.

본서가 나오기까지 도움을 주신 많은 분들께 진심으로 감사의 말씀을 드리며, 특히 출간을 위해 격려와 지원을 아끼지 않으신 도서출판 나우퍼블리셔의 김대명 대표님과 직원분들께 감사를 드립니다. 또한 우리 저자들은 글로벌 인재 양성이라는 시대적 과제를 반영하기 위해서 지속적으로 노력할 것입니다.

2022년 **저자 일동**

CONTENTS

유학생을 위한 회계원리 - 한국어버전

PART
05 비유동자산

PART
06 비유동부채

PART
07 자 본

제1장

회계와 재무제표

I 회계의 의의

1 기업과 이해관계자

기업은 영리추구를 위해 재화를 판매하거나 서비스를 제공하는 조직으로, 업종과 소유 형태 등을 기준으로 구분할 수 있다.

첫째, 기업을 업종에 따라 구분하면 제조기업, 상기업, 서비스기업 등으로 나눌 수 있다. 제조기업은 원재료, 노동력, 설비 등을 투입하여 스마트폰과 TV 등의 제품을 제조하여 판매하는 기업으로, 삼성전자, 샤오미, 애플 등이 해당된다. 상기업은 제조기업으로부터 제품을 구매하여 소비자에게 판매하는 기업으로, 백화점이나 마트 등이 해당된다. 서비스기업은 무형의 서비스를 제공하는 기업으로, 통신회사와 은행 등이 해당된다.

둘째, 기업은 소유 형태에 따라서 개인기업, 조합기업, 주식회사 등으로 나눌 수 있다. 개인기업은 한명의 개인이 소유하는 기업이고, 조합기업은 소수의 개인들이 투자하여 공동으로 소유하는 기업이다. 주식회사는 기업의 소유권이 양도가능한 주식의 형태로 분할되어 있고, 기업의 소유권은 이 주식을 보유하고 있는 다수의 주주들에게 있는 기업이다. 주주들은 자신이 투자한 주식의 수에 비례하여 경영에 참여하고 이익에 대한 배당을 받을 수 있다.

이러한 기업과의 관계 또는 거래를 통해 이득을 기대하고 이해관계를 맺는 경제주체들을 이해관계자stake-holders라고 하며, 경영자와 종업원 등과 같은 기업 내부의 이해관계자와 거래처, 투자자와 채권자 등과 같은 기업 외부의 이해관계자가 있다. 특히 투자자는 투자에 대한 수익률과 안정성을 판단하여 투자여부를 결정하며, 채권자는 대여한 자금의 이자수익률과 원금의 회수가능성을 판단하여 대여여부를 결정한다.

2 회계와 회계정보

기업의 이해관계자가 기업에 대한 합리적인 의사결정을 하기 위해서는 기업에 대한 정보가 필요한데, 이들이 정보를 수집하는 방식과 필요한 정보의 형태는 다양하다. 내부 이해관계자인 경영자는 기업 내부에서 직접 정보를 수집하여, 경영활동에 활용한다. 반면 투자자나 채권자는 기업이 제공하는 정보에 의존하여 의사결정을 한다.

이처럼 기업에 대한 정보를 생산하고 이를 효과적으로 전달하기 위해서는 기업이 수행하는 다양한 경제활동을 기록하고, 기록한 내용을 이해하기 쉽게 전달할 수 있는 체계적인 방법이 필요하다. 회계accounting는 기업에 재무적 영향을 주는 경제적 사건이나 거래를 화폐단위로 측정하고 기록하며, 재무제표를 통해 이해관계자들이 이해하기 쉬운 형태로 정보를 생산하여 전달하는 체계적인 과정이다. 따라서 회계는 기업에 대한 정보를 생산하고 제공하는 정보시스템information system이며, 이를 통해 생산되어 전달되는 기업관련 정보를 회계정보accounting information라 한다.

회계정보는 크게 재무회계정보와 관리회계정보로 구분될 수 있다.

첫째, 재무회계financial accounting는 기업의 경영성과와 재무상태에 대한 회계정보를 생산하고 전달하는 분야이며, 재무회계를 통해 생산되는 정보를 재무회계정보라고 한다. 투자자와 채권자는 재무회계정보를 통해서 기업에 대한 투자자금 또는 대여자금에 대한 회수여부, 새로운 투자기업의 선정과 여유자금의 대여여부를 결정하게 된다.

둘째, 기업의 목표를 달성하기 위해서 경영자나 관리자는 합리적인 경영의사결정을 할 수 있어야 하며, 종업원들에게는 담당업무를 올바르게 수행할 수 있도록 하는 동기부여와 유인을 제공하여야 한다. 이 때 경영자나 관리자의 의사결정과 종업원들에 대한 성과평가에 필요한 정보를 생산하고 제공하는 분야를 관리회계management accounting라고 하며, 관리회계를 통해 생산되는 정보가 관리회계정보이다. 따라서 관리회계정보는 기업 내부의 정보이용자인 경영자, 관리자 및 종업원의 필요에 따라 제공되는 정보이며, 화폐단위의 정형화된 형태로 제공되는 재무회계정보와는 달리 다양한 형태로 생산 및 제공될 수 있다.

Ⅱ 재무제표

1 재무제표와 회계기준

회계정보는 의사결정에 유용한 정보를 제공해야 하며, 특히 재무회계정보는 외부의 이해관계자인 투자자와 채권자가 정보를 이해하고 사용하는데 어려움이 없어야 한다. 이를 위해서는 제공하는 정보에 따라 다양한 회계보고서들이 작성되어야 하는데, 이러한 회계보고서들을 재무제표financial statements라고 한다.

회계보고서 즉, 재무제표가 투자자와 채권자의 의사결정에 유용한 정보가 되기 위해서는 독립적이고 믿을 수 있는 기관에서 회계기준을 제정하고, 기업들이 회계기준을 따라 재무제표를 작성하도록 강제할 필요가 있다. 따라서 대부분의 국가에서는 재무제표의 작성을 위한 회계기준accounting standards을 마련하고 있으며, 회계기준에 따라 재무제표가 작성되었는지 여부를 확인할 수 있도록 기업이 작성한 재무제표를 공인회계사에게 감사audit받도록 규제하고 있다.

2 재무제표의 종류

회계는 제공하는 정보의 내용에 따라 다양한 재무제표를 작성하여 제공하고 있는데, 재무제표에는 재무상태표, 손익계산서, 자본변동표, 현금흐름표, 주석 등이 있다.

1. 재무상태표

재무상태표balance sheet, statement of financial position는 회계기간 말 시점의 재무상태에 대한 정보를 제공하는 보고서로서, 회계기간 말 시점에 기업이 보유하고 있는 자산 그리고 자산에 대한 청구권인 부채와 자본에 대한 정보를 제공한다. 재무상태표를 구성하는 자산, 부채와 자본에 대한 정의는 다음과 같다.

자산asset은 '과거의 거래나 사건의 결과로 기업이 통제하고 있고, 미래 경제적 효익future economic benefits을 창출할 잠재력을 지닌 현재의 경제적자원(권리)'이다. 즉 자산이란 '미래에 현금 등 경제적 가치가 있는 것을 창출할 보유자원'이다. 예를 들어 기업이 보유하고 있는 제품은 미래에 판매를 통해 현금을 창출할 수 있으므로 자산이며, 제품의 생산에 사용하기 위해 보유하고 있는 기계장치도 제품을 생산할 수 있기 때문에 자산이다.

부채liability는 '과거 사건의 결과로 기업이 경제적 자원을 이전해야 하는 현재의 의무'이다. 즉 부채는 '빚'이다. 예를 들어 은행에서 빌린 돈은 갚아야 할 의무가 존재하므로 부채이다.

자본equity은 기업에 대한 소유주(주주) 지분owner's equity이다. 따라서 자본 금액은 자산의 총액에서 부채의 총액을 차감하여 측정한다. 부채를 갚는 것이 기업의 의무이기 때문에 기업의 자산 중에서 채권자의 몫인 부채를 먼저 지급한 후 남은 금액만이 소유주(주주)의 몫이 되므로, 자본을 순자산net asset이라고도 한다.

자산, 부채 및 자본 간의 관계는 다음의 등식으로 설명할 수 있다.

자 산 = 부 채 + 자 본

이 등식을 회계등식accounting equation이라고 하며, 거래를 기록할 때 자산은 왼쪽에, 그리고 부채와 자본은 오른쪽에 기록하여야 한다.[1] 회계등식은 기본적으로 기업이 생산 및 운영을 위해 사용하는 자금을 기업의 소유주(주주) 또는 채권자로부터 조달하며, 기업은 소유주와 채권자로부터 조달한 자금을 다양한 자산에 투자함으로써 운용함을 의미한다.

2. 손익계산서

손익계산서income statement, statement of financial performance는 회계기간 동안 기업이 창출한 이익profit(또는 손실loss)에 대한 정보를 제공하는 보고서이다. 이익(또는 손실)은 기업이 회계기간 동안 창출한 수익income에서 수익을 창출하기 위해 희생된 비용expense을 차감하여 산출한다. 또한 수익에서 비용을 차감한 금액이 양(+)이면 이익이 발생하고 음(-)이면 손실이 발생한다.

수익 - 비용 = 양(+) → 이익 음(-) → 손실

손익계산서를 구성하는 수익과 비용에 대한 정의는 다음과 같다.

수익은 자산의 증가 또는 부채의 감소에 따라 자본의 증가를 초래하는 특정 회계기간에 발생한 경제적 효익의 증가이다. 수익의 핵심개념은 '자본의 증가'로, 자산이 증가하지만 부채의 증가와는 무관한 거래는 수익이 발생하는 거래라고 할 수 있다. 예를 들어 제품을 팔고

---

1) 엄밀하게는 회계처리시 자산의 증가는 왼쪽(차변), 부채와 자본의 증가는 오른쪽(대변)에 기록하도록 약속되어 있다. 따라서 본 문장은 자산, 부채, 자본의 증가 기준이다. 이에 대해서는 2장에서 자세히 설명한다.

현금을 받는 거래가 발생하면 수익을 기록하며, 이는 현금이라는 자산이 증가하였지만 부채의 증가와는 관련이 없기 때문이다. 반면에 은행에서 현금을 빌렸다면 수익을 기록할 수 없는데, 이는 현금이라는 자산이 증가하였지만 그만큼 부채도 증가하였기 때문이다.

비용은 자산의 감소 또는 부채의 증가에 따라 자본의 감소를 초래하는 특정 회계기간 동안에 발생한 경제적 효익의 감소이다. 비용의 핵심개념은 '자본의 감소'이다.

따라서 손익계산서는 재무상태표의 구성항목 중 자본의 변동원인에 대한 정보를 제공하는 보고서로, 수익은 자본을 증가시키고 비용은 자본을 감소시킨다.

> 수익: 자본의 증가
> 비용: 자본의 감소

중국회계

중국의 회계원리와 개념에서 손익계산서를 구성하는 항목은 수익, 비용, 이득, 손실의 네 가지 범주로 나뉜다.

수익, 비용, 이득, 손실에 대한 비교

1. 수익과 비용은 기업의 일상 활동에 의해 형성되며 (예를 들어 상품 구매 및 판매, 임금 지급 등의 일상적인 영업활동), 수익과 비용 간에 직접적인 인과 관계가 있다. 즉 수익을 획득하기 위해서는 비용의 지출이 필요하다. 그러므로 대응 matching 원칙을 적용한다.
2. 수익은 비용을 포함한 소득이므로 총 경제적 효익의 유입 개념이고 비용은 총 경제적 효익의 유출 개념이다. 기록할 때는 총 경제적 효익 유입 금액에 따라 수익이 기록되고 총 경제적 효익 유출 금액에 따라 비용이 기록되며 수익에서 비용을 차감해서 이익을 계산한다.
3. 이득과 손실은 비정기적인 활동에 의해 형성되며 (예를 들어 기부, 재난, 자산 손실과 같은 우발 사건), 이득과 손실간에 인과 관계가 없으므로 대응 matching 시킬 필요가 없다.
4. 이득과 손실은 순액으로 (소득과 지출의 차액) 보고한다. 이득은 당기손익을 직접 증가시키고 손실은 당기손익을 직접 감소시키는데 소득과 지출을 분리해서 보고하지 않는다.

3. 자본변동표

자본변동표statement of changes in equity는 일정 기간 동안 발생한 자본의 변동원인을 표시하는 보고서로서, 손익계산서에서 제공하지 못하는 자본의 변동원인에 대한 정보를 추가적으로 제공한다.

4. 현금흐름표

현금흐름표statement of cash flow는 회계기간 동안 발생한 현금의 유입과 유출에 대한 정보를 영업활동, 투자활동, 재무활동의 3가지 활동으로 구분하여 제공하는 보고서이다. 현금은 가장 중요한 결제수단이기 때문에 기업이 회계기간 동안 어떻게 현금을 조달하였고 어디에 사용하였는지는 정보이용자들이 기업의 성과와 채무상환 능력을 평가하는데 중요한 정보가 된다.

5. 주석

주석notes은 재무제표의 본문에 대한 이해를 돕기 위해 필요한 세부 내역을 추가적으로 설명하는 보고서이다. 재무제표의 본문은 재무상태표, 손익계산서, 자본변동표, 현금흐름표를 의미한다.

지금까지 학습한 5개의 재무제표는 결국 자산, 부채, 자본, 수익, 비용으로 구성되기 때문에, 이들을 재무제표요소elements라고 정의한다.

3 재무제표의 공시와 회계기간

기업은 적어도 1년마다 전체 재무제표 즉, 연차재무제표annual financial statements를 작성 및 공시하여야 하며, 일정 규모 이상의 기업들은 중간재무제표interim financial statements도 작성 및 공시하도록 하고 있다. 중간재무제표로는 회계기간의 시작일로부터 3개월 및 9개월이 되는 기간인 분기의 분기재무제표와 회계기간의 시작일로부터 6개월이 되는 기간인 반기의 반기재무제표가 있다.

> **중국회계**
>
> 중간재무제표에는 최소한 재무상태표, 손익계산서, 현금흐름표 및 주석이 포함되어야 한다. 그중 첫 세 개 재무제표의 내용과 형식은 연간재무제표와 동일하게 구성되어야 하지만, 중간재무제표의 주석은 적절하게 단순화 될 수 있다.

여기서 회계기간accounting period은 재무제표 작성의 기준이 되는 기간으로 일반적으로 1년을 기준으로 하며, 대부분 기업들의 회계기간은 1월 1일부터 12월 31일까지이다. 만약

20×1년 1월 1일에 영업을 시작한 기업이 있다면, 20×1년 1월 1일부터 20×1년 12월 31일까지의 회계기간은 제1기가 되고, 20×2년 1월 1일부터 20×2년 12월 31일까지의 회계기간은 제2기가 된다. 또한 현재 시점이 20×1년이라면 제1기가 당기this term가 되고 제2기가 차기next term가 되며, 현재 시점이 20×2년이라면 제2기가 당기가 되고 제1기가 전기former term가 된다.

▼ **표 1-1** ı 회계기간에 따른 구분

구 분	기간	현재 = 20×1년	현재 = 20×2년
제1기	20×1년 1월 1일~20×1년 12월 31일	당 기	전 기
제2기	20×2년 1월 1일~20×2년 12월 31일	차 기	당 기

중국회계

회계기간은 달력상의 연도(역년)와 동일할 수도 있고 (즉 회계기간은 1월 1일부터 12월 31일까지임) 실제로 사업을 시작하는 월을 회계기간의 시작 날짜로 지정할 수도 있다. 예를 들어 7월 1일부터 다음해 6월 30일까지인 회계기간도 있다. 중국회계 규정에 따라 기업의 회계기간은 양력 1월 1일부터 12월 31일까지로 해야 하나 미국 또는 일본 등 국가에서는 다른 회계기간을 사용할 수 있다. 상당수의 일본계 기업은 4월 1일부터 다음해 3월 31일까지의 회계기간을 적용한다.

제2장

유학생을 위한 회계원리 - 한국어버전

분개와 전기

Accounting principles for international students
Korean version

I 회계의 대상과 계정

1 회계의 대상

기업의 모든 활동이 회계의 대상이 되는 것은 아니며, 재무상태에 변화를 가져오는 거래와 사건만 회계의 대상이 된다. 재무상태란 자산, 부채, 자본을 의미하므로 자산, 부채, 자본에 영향을 줄 수 있는 거래와 사건만 회계의 대상이 된다.

예를 들어 '현금'을 은행에서 차입하면, '현금'이라는 '자산'이 증가(+)하고 '차입금'이라는 '부채'가 증가(+)한다. 따라서 기업의 자산과 부채의 구성에 변화가 발생하므로 회계의 대상이 되는 거래가 된다. 반면에 직원을 채용하기로 약속하거나 다른 기업과 구매계약을 맺는 것은 재무상태에 아무런 영향을 주지 못하기 때문에 회계의 대상이 되지 않는다.

2 계정과 계정과목

회계에서는 기업의 거래들을 구체적인 항목별로 기록하기 위한 장소로서 '계정'이라는 것을 사용한다. 계정account이란 자산, 부채, 자본, 수익, 비용의 구체적인 항목들의 증감을 기록하는 장소로, 계정을 이용하면 항목별로 증감내용을 쉽게 파악할 수 있다. 계정은 편의성 때문에 T자 형태의 계정인 T계정을 주로 사용하며, T계정의 상단에 '현금'과 같은 항목별 계정의 명칭을 표시하며 그 아래 왼쪽과 오른쪽 영역에 금액을 표시한다. T계정의 구조를 표시하면 다음과 같다.

현금 (계정의 명칭)

1,000,000 (금액)	

계정은 항목별로 고유한 이름을 붙여서 관리하는데 이를 계정과목title of account이라 부른다. 또한 계정과목별로 관리되는 모든 계정들을 모아두는 장부를 총계정원장general ledger이라고 하며, 총계정원장에는 계정과목별 잔액을 표시한다. [표 2-1]은 사전에 반드시 숙지해야 할 재무제표요소별 자주 쓰이는 계정과목들에 대한 정의이다.[2]

2) 세부 계정과목에 대한 개념을 소개하였다.
재무제표 요소를 반영하는 세부 수준에 따라 계정을 상위 계정 general ledger account와 하위 계정 sub ledger account으

▼ 표 2-1 | 재무제표요소별 계정과목

자산	현금	통화와 예금
	상품	상기업이 판매할 목적으로 구입한 물건
	제품	제조기업이 판매할 목적으로 제조한 물건
	매출채권	매출의 외상거래에서 발생한 채권
	미수금	매출 이외의 외상거래에서 발생한 채권
	단기대여금*	만기 1년 이내로 빌려준 돈
	장기대여금*	만기 1년 초과로 빌려준 돈
	비품	1년을 초과하여 직접 사용할 목적으로 취득한 가구 등의 물품
	건물	영업에 사용할 목적으로 취득한 건축물
부채	매입채무	상품과 제품의 원재료 등 재고자산의 외상구입에서 발생한 채무
	미지급금	재고자산을 제외한 자산의 외상구입에서 발생한 채무
	단기차입금	만기 1년 이내로 빌린 돈
	장기차입금	만기 1년 초과로 빌린 돈
자본	자본금	소유주(주주)로부터 출자 받은 금액
	이익잉여금 (결손금)	손익계산서 상 당기순이익을 재무상태표에 누적한 금액, 당기순손실로 인하여 음(-)의 금액이 발생하면 결손금이 됨
수익	매출	상품, 제품 등의 판매와 서비스의 제공으로 얻는 수익
	임대료	사무실 등의 자산을 빌려주고 그 대가로 받는 수익
	이자수익	자금을 빌려준 대가로 받는 수익
비용	급여	종업원들이 제공한 노동의 대가로 지급하는 비용
	임차료	사무실 등의 자산을 빌리는 대가로 지급하는 비용
	광고선전비	광고선전에 지급하는 비용
	이자비용	자금을 빌려서 사용하는 대가로 지급하는 비용
	소모품비	종이나 볼펜처럼 닳거나 없어지는 물품의 구입에 지급하는 비용

* 중국기업회계기준에 따르면, 비금융기관인 기업이 다른 기업이나 개인에게 자금을 빌려주는 거래는 Other Receivables또는 Long-term other receivables (기간이 1년을 초과하는 경우) 로 기록한다. '단기대여금' 및 '장기대여금'이라는 계정과목은 존재하지 않는다.

로 나눌 수 있다. 자세한 세부 분류정보를 기록하기 위해 상위 계정 아래에 여러 하위 계정을 설정할 수 있다. 예를 들어 '매출채권' 아래에는 채권자 이름별로 분류해서 '매출채권-채권자 A', '매출채권-채권자 B'와 같은 세부계정을 만들 수 있으며 또한 '현금' 아래에는 예금을 예치한 은행별로 '현금-은행 A', '현금-은행 B'와 같은 세부계정을 만들 수 있다. 상위 계정은 그 아래에 포함된 하위 계정을 모아서 요약 정보를 제공하고, 하위 계정은 그에 속하는 상위 계정에 대한 자세한 정보가 기록된다.

중국회계

산업마다 영업활동의 차이로 인해 사용하는 계정과목이 다른 경우가 있다. 예를 들어, 제조기업과 달리 은행의 자산은 주로 '대출채권, '콜론' 등의 계정과목을 사용하며 '제품' 등 재고자산의 계정과목이 없다. 또한 계정과목을 설정하는 원리와 의미가 똑같으나 국가별로 계정과목에 명칭과 정의에 차이가 있다. 중국 재정부에서 발행한 '기업회계기준-응용 가이드'는 산업별로 표준 계정과목을 지정하고 있으며, 하위 계정과목은 업무 필요에 따라 기업이 자유롭게 설정할 수 있다.

Ⅱ 분개

1 분개의 의의

기업은 거래가 발생하면 회계의 대상이 되는지를 판단하고, 만약 회계의 대상이 되는 회계상 거래라면 이를 분석하여 T계정에 계정과목과 금액을 기록하여야 한다. 그러나 기업에서 발생하는 수많은 회계상 거래를 직접 T계정에 기록하는 것은 매우 어렵다. 따라서 회계상 거래를 T계정에 직접 기록하기 전에 계정별 기록에 필요한 계정과목과 금액을 요약하는 과정이 필요한데, 이를 분개journal entries 라고 한다.

분개는 거래의 간단한 요약으로, 어떤 계정과목을 얼마의 금액으로 기록해야 하는지를 보여준다. 또한 계정은 '왼쪽'인 '차변debtor, debit, Dr.'과 '오른쪽'은 '대변creditor, credit, Cr.'으로 구분되는데, 분개를 할 때 거래를 분석하여 차변과 대변 중에서 어느 쪽에 기록할지를 판단해야 한다.

(차변) 계 정 과 목	금 액	(대변) 계 정 과 목	금 액

중국회계

국가마다 분개의 작성 형식도 다르다. 한국 회계 교과서에서는 보통 한 줄로 차변을 먼저 쓰고 그 뒤에 대변을 쓴다. 하지만 중국에서는 차변과 대변을 두 줄로 나눠서 써야 하며 차변을 첫 번째 줄에 쓰고 대변을 두 번째 줄에 쓴다. 또한 대변을 차변보다 오른쪽으로 일정칸을 띄어 쓴다. 이 책의 중국어 버전에서는 모든 분개를 중국의 형식을 이용해 작성했다.

2 분개의 기록방법

분개의 기록방법은 1장에서 학습한 회계등식을 이용하면 된다.

자 산 (차변) = 부 채 + 자 본 (대변)

첫째, 회계등식에서 차변에는 자산을, 대변에는 부채와 자본을 기록하는데, 이를 이용하여 자산이 증가(+)하면 원위치인 '차변'에 기록하고 감소(-)하면 '대변'에 기록한다. 또한 부채와 자본은 증가(+)하면 원위치인 '대변'에 기록하고 감소(-)하면 '차변'에 기록한다. 즉 증감을 차변과 대변의 위치로 구별한다.

자 산 (원위치: 차변)	= 부 채 + 자 본 (원위치: 대변)
증가(+) → 차변	증가(+) → 대변
감소(-) → 대변	감소(-) → 차변

1. Tips
   1) 회계상 차변은 왼쪽을 의미하고 대변은 오른쪽을 의미하기 때문에 차변 및 대변은 단순히 부기 기호이다. 두 용어의 표면적 의미는 중요하지 않다.
   2) 자산, 부채, 자본의 구분에 관계없이 증가하면 그 요소의 원위치에 기록하고 감소하면 반대 위치에 기록하면 된다. 따라서 각 요소의 원위치를 구별하는 것이 중요하다.
2. 분개 규칙
   1) 차변이 있으면 대변이 있어야 한다. 한 거래에서 두 개 또는 두 개 이상의 계정과목을 이용할 때는 한 (또는 여러) 계정과목을 차변에 기록하면 다른 한 (또는 여러) 계정과목을 대변에 기록해야 한다. 즉 거래 금액을 한쪽에만 기록하는 경우는 존재하지 않는다.
   2) 하나의 분개에서 차변과 기록되는 금액의 합계와 대변에 기록되는 금액의 합계는 같아야 한다.

둘째, 1장에서 손익계산서의 '수익'은 '자본의 증가'이고 '비용'은 '자본의 감소'임을 학습하였다. 따라서 '수익'의 원위치는 '자본'과 동일한 '대변'이고 '비용'은 그 반대이므로 원위치는 '자산'과 동일한 '차변'이다. 이를 정리하면 아래와 같다.

자산, 비용 (원위치: 차변)	부채, 자본, 수익 (원위치: 대변)
증가(+) → 차변	증가(+) → 대변
감소(-) → 대변	감소(-) → 차변

즉, 자산과 비용은 증가(+)하면 차변에 기록하고 감소(-)하면 대변에 기록하며, 부채, 자본과 수익은 그 반대이다. 또한 수익과 비용의 증가(+)는 '발생'이라는 용어를 주로 사용하는데, 본서에서는 혼란을 피하기 위해서 '증가'를 사용한다.

예 1

분개의 기록방법을 이용하여 다음 거래들을 분개한다.

① 은행으로부터 현금 ₩1,000,000을 6개월 동안 차입하다.

☞ 은행으로부터 만기 1년 이내로 현금을 차입한 거래이므로, '단기차입금'이라는 부채가 증가하고 그 결과로 '현금'이라는 자산이 증가한다. 따라서 현금 ₩1,000,000을 차변에 기록하고 단기차입금 ₩1,000,000을 대변에 기록한다.

(차) 현　　　금	1,000,000	(대) 단 기 차 입 금	1,000,000
자산의 증가(+) → 차변		부채의 증가(+) → 대변	

Tip 현금: 통화와 예금 / 단기차입금: 만기 1년 이내로 빌린 돈

② 자금조달에 필요한 주식을 발행하고 현금 ₩5,000,000을 수취하다.

☞ 주식을 발행하여 주주로부터 자본을 조달한 거래이므로, '자본금'이라는 자본이 증가하고 그 결과로 '현금'이라는 자산이 증가한다. 따라서 현금 ₩5,000,000을 차변에 기록하고 자본금 ₩5,000,000을 대변에 기록한다.

(차) 현　　　금	5,000,000	(대) 자　본　금	5,000,000
자산의 증가(+) → 차변		자본의 증가(+) → 대변	

Tip 자본금: 소유주(주주)로부터 출자 받은 금액

③ 건물을 구입하고 그 대가로 현금 ₩2,000,000을 지급하다.

☞ 건물이라는 자산을 현금으로 구입한 거래이므로, '건물'이라는 자산이 증가하고 구입대가로 지급한 '현금'이라는 자산이 감소한다. 따라서 건물 ₩2,000,000을 차변에 기록하고 현금 ₩2,000,000을 대변에 기록한다.

(차) 건　　　물	2,000,000	(대) 현　　　금	2,000,000
자산의 증가(+) → 차변		자산의 감소(-) → 대변	

Tip 건물: 영업에 사용할 목적으로 구입한 건축물

④ 회계컨설팅회사가 회계자문을 제공해주고 그 대가로 현금 ₩3,000,000을 받다.

☞ 회계컨설팅회사에서 회계자문이라는 서비스를 제공하고 현금을 받았으므로 '현금'이라는 자산이 증가하고, 자산을 증가시키는 활동이므로 '매출'이라는 수익이 증가한다. 따라서 현금 ₩3,000,000을 차변에 기록하고 매출 ₩3,000,000을 차변에 기록한다.

(차) 현　　　금	3,000,000	(대) 매　　　출	3,000,000
자산의 증가(+) → 차변		수익의 증가(+) → 대변	

Tip 매출: 상품, 제품 등의 판매와 서비스의 제공으로 얻는 수익

⑤ 광고비로 현금 ₩1,000,000을 지급하다.

☞ 광고를 위하여 현금을 지급함에 따라 자산이 감소하였으므로 비용이 발생한 거래이며, '광고선전비'라는 비용이 증가하고 그 대가로 지급한 '현금'이라는 자산이 감소한다. 따라서 광고선전비 ₩1,000,000을 차변에 기록하고 현금 ₩1,000,000을 대변에 기록한다.

(차) 광 고 선 전 비	1,000,000	(대) 현 금	1,000,000
비용의 증가(+) → 차변		자산의 감소(-) → 대변	

Tip 광고선전비: 광고 및 홍보를 목적으로 지급하는 비용

III 전기

1 전기의 의의

분개가 마무리되면 각 T계정에 해당 금액을 옮겨 적는 절차가 뒤따르는데 이를 전기posting라고 한다. 분개만 정확히 이루어지면 계정에 옮겨 적는 전기는 기계적인 일이다.

계 정 과 목	
금 액 (차변)	금 액 (대변)

2 전기의 기록방법

T계정의 전기도 분개처럼 동일한 방식으로 기록하면 된다. 즉 자산과 비용의 증가(+)는 차변에 전기하고 감소(-)는 대변에 전기한다. 반면에 부채, 자본과 수익의 증가(+)는 대변에 전기하고 감소(-)는 차변에 전기한다.

실제로는 이를 간소화하여, 분개에서 차변에 있는 계정과목의 금액을 T계정의 차변에 전기하고, 분개에서 대변에 있는 계정과목의 금액을 T계정의 대변에 전기한다.

[분 개]	→	[전 기]
계정과목의 차변 금액		T계정의 차변
계정과목의 대변 금액		T계정의 대변

예를 들어 아래처럼 분개의 차변에 위치한 [현금 1,000,000]은 '현금'계정의 차변에 '1,000,000'을 전기하고, 분개의 대변에 위치한 [단기차입금 1,000,000]은 '단기차입금'계정의 대변에 전기한다.

(차변) 현 금 1,000,000 (대변) 단 기 차 입 금 1,000,000

현 금	
1,000,000	

단기차입금	
	1,000,000

전기는 수익, 비용, 자산, 부채, 자본 항목을 구분하여 각각 진행하며, 그 이유는 전기 후에 손익계산서(수익, 비용)와 재무상태표(자산, 부채, 자본)를 수월하게 작성하기 위해서이다.

예 2

전기의 기록방법을 이용하여 다음 분개들을 전기한다.

다음은 [예 1]에서 다루어진 거래에 대한 분개들이다.

① 은행으로부터 현금 ₩1,000,000을 6개월 동안 차입하다.

(차) 현 금	1,000,000	(대) 단 기 차 입 금	1,000,000

② 자금조달에 필요한 주식을 발행하고 현금 ₩5,000,000을 수취하다.

(차) 현 금	5,000,000	(대) 자 본 금	5,000,000

③ 건물을 구입하고 그 대가로 현금 ₩2,000,000을 지급하다.

(차) 건 물	2,000,000	(대) 현 금	2,000,000

④ 회계컨설팅회사가 회계자문을 제공해주고 그 대가로 현금 ₩3,000,000을 받다.

(차) 현 금	3,000,000	(대) 매 출	3,000,000

⑤ 광고비로 현금 ₩1,000,000을 지급하다.

(차) 광 고 선 전 비	1,000,000	(대) 현 금	1,000,000

위 분개들을 손익계산서 계정인 [1] 수익, [2] 비용을 구분하여 전기를 하고, 재무상태표 계정인 [3] 자산, [4] 부채, [5] 자본을 각각 구분하여 전기를 한다.

☞ 전기

[1] 수익 계정

매	출
	④ 3,000,000

[2] 비용 계정

광고선전비	
⑤ 1,000,000	

[3] 자산 계정

현	금
① 1,000,000	③ 2,000,000
② 5,000,000	⑤ 1,000,000
④ 3,000,000	

건	물
③ 2,000,000	

[4] 부채 계정

단기차입금	
	① 1,000,000

[5] 자본 계정

자 본 금	
	② 5,000,000

예제 2.1 분 개

20×1년 1월 1일에 회계사 2명이 출자하여 설립한 ㈜강남회계컨설팅은 회계전문 서비스 업체이며, 다음은 본 회사의 20×1년 동안의 거래내역이다. 단, 본 회사의 회계연도는 1월 1일부터 12월 31일까지이다.

① 1월 1일: 회사설립에 필요한 현금 ₩50,000,000을 출자 받고 주식을 발행하다.
② 2월 1일: 소모품비로 현금 ₩2,000,000을 지급하다.
③ 3월 1일: 은행으로부터 현금 ₩40,000,000을 연 3%의 이자율로 1년 동안 차입하다. 단, 이자는 전액 만기에 원금과 함께 지급하기로 하다.
④ 6월 1일: 회사를 광고하기 위해 신문사에 현금 ₩2,000,000을 지급하다.
⑤ 7월 1일: 회계자문을 제공하고 ₩30,000,000을 나중에 받기로 하다.
⑥ 9월 1일: 7월 1일의 외상대금 중 ₩10,000,000을 현금으로 받다.
⑦ 11월 1일: 거래처에 현금 ₩20,000,000을 연 6%의 이자율로 2년 동안 대여하다. 단, 이자는 전액 만기에 원금과 함께 수취하기로 하다.
⑧ 12월 1일: 영업에 사용할 목적으로 건물을 ₩15,000,000에 구입하였고, 그 대금 중에서 ₩5,000,000은 현금으로 지급하고 나머지는 나중에 지급하기로 하다.
⑨ 12월 31일: 12월 1일에 채용한 직원의 급여 ₩2,000,000을 현금으로 지급하다.

【물 음】 ㈜강남회계컨설팅의 거래에 대한 분개를 하시오.

풀이

Key Point

자산과 비용은 증가(+)하면 차변, 감소(-)하면 대변에 기록
부채, 자본과 수익은 증가(+)하면 대변, 감소(-)하면 차변에 기록

① 1월 1일: 회사설립에 필요한 현금 ₩50,000,000을 출자 받고 주식을 발행하다.

(차) 현 금	50,000,000	(대) 자 본 금	50,000,000

☞ 현금(자산)의 증가(+) → 차변 / 자본금(자본)의 증가(+) → 대변

☞ 현금: 통화와 예금 / 자본금: 소유주(주주)로부터 출자 받은 금액

② 2월 1일: 소모품비로 현금 ₩2,000,000을 지급하다.

(차) 소 모 품 비	2,000,000	(대) 현 금	2,000,000

☞ 소모품비(비용)의 증가(+) → 차변 / 현금(자산)의 감소(-) → 대변

☞ 소모품비: 종이나 볼펜처럼 닳거나 없어지는 물품의 구입에 지급하는 비용

③ 3월 1일: 은행으로부터 현금 ₩40,000,000을 연 3%의 이자율로 1년 동안 차입하다. 단, 이자는 전액 만기에 원금과 함께 지급하기로 하다.

(차) 현 금	40,000,000	(대) 단 기 차 입 금	40,000,000

☞ 현금(자산)의 증가(+) → 차변 / 단기차입금(부채)의 증가(+) → 대변

☞ 단기차입금: 만기 1년 이내로 빌린 돈

④ 6월 1일: 회사를 광고하기 위해 신문사에 현금 ₩2,000,000을 지급하다.

(차) 광 고 선 전 비	2,000,000	(대) 현 금	2,000,000

☞ 광고선전비(비용)의 증가(+) → 차변 / 현금(자산)의 감소(-) → 대변

☞ 광고선전비: 광고선전에 지급하는 비용

⑤ 7월 1일: 회계자문을 제공하고 ₩30,000,000을 나중에 받기로 하다.

(차) 매 출 채 권	30,000,000	(대) 매 출	30,000,000

☞ 매출채권(자산)의 증가(+) → 차변 / 매출(수익)의 증가(+) → 대변

☞ 매출채권: 매출의 외상거래에서 발생한 채권
매출: 상품, 제품 등의 판매와 서비스의 제공으로 얻는 수익

⑥ 9월 1일: 7월 1일의 외상대금 중 ₩10,000,000을 현금으로 받다.

(차) 현 금	10,000,000	(대) 매 출 채 권	10,000,000

☞ 현금(자산)의 증가(+) → 차변 / 매출채권(자산)의 감소(-) → 대변

⑦ 11월 1일: 거래처에 현금 ₩20,000,000을 연 6%의 이자율로 2년 동안 대여하다. 단, 이자는 전액 만기에 원금과 함께 수취하기로 하다.

(차) 장 기 대 여 금	20,000,000	(대) 현 금	20,000,000

☞ 장기대여금(자산)의 증가(+) → 차변 / 현금(자산)의 감소(-) → 대변

☞ 장기대여금*: 만기 1년 초과로 빌려준 돈

* 중국기업회계기준에 따르면, 비금융기관인 기업이 다른 기업이나 개인에게 자금을 빌려주는 거래는 other receivables또는 long-term other receivables (기간이 1 년을 초과하는 경우) 로 기록한다.

⑧ 12월 1일: 영업에 사용할 목적으로 건물을 ₩15,000,000에 구입하였고, 그 대금 중에서 ₩5,000,000은 현금으로 지급하고 나머지는 나중에 지급하기로 하다.

(차)	건 물	15,000,000	(대)	현 금	5,000,000
				미 지 급 금	10,000,000

☞ 건물(자산)의 증가(+) → 차변 / 현금(자산)의 감소(-), 미지급금(부채)의 증가(+) → 대변

☞ 건물: 영업에 사용할 목적으로 구입한 건축물
미지급금: 상품과 제품 등을 제외한 자산의 외상구입에서 발생한 채무

⑨ 12월 31일: 12월 1일에 채용한 직원의 급여 ₩2,000,000을 현금으로 지급하다.

(차)	급 여	2,000,000	(대)	현 금	2,000,000

☞ 급여(비용)의 증가(+) → 차변 / 현금(자산)의 감소(-) → 대변

☞ 급여: 종업원들이 제공한 노동의 대가로 지급하는 비용

예제 2.2 전 기

【물 음】 [예제 2.1]에서 이루어진 거래의 분개를 기초로 계정에 전기하시오.

풀이

❖ 전기(손익계산서 계정) ❖

[1] 수익 계정

매 출

	7/ 1 30,000,000

[2] 비용 계정

소모품비

2/ 1 2,000,000	

광고선전비

6/ 1 2,000,000	

급 여

12/31 2,000,000	

❖ 전기(재무상태표 계정) ❖

[3] 자산 계정

현 금

1/ 1	50,000,000	2/ 1	2,000,000
3/ 1	40,000,000	6/ 1	2,000,000
9/ 1	10,000,000	11/ 1	20,000,000
		12/ 1	5,000,000
		12/31	2,000,000

매출채권

7/ 1	30,000,000	9/ 1	10,000,000

장기대여금(*)

11/ 1	20,000,000		

건 물

12/ 1	15,000,000		

[4] 부채 계정

단기차입금

		3/ 1	40,000,000

미지급금

		12/ 1	10,000,000

[5] 자본 계정

자 본 금

		1/ 1	50,000,000

* 중국회계기준에 따르면, long-term other receivables 계정과목을 사용한다.

연 / 습 / 문 / 제

2.1 분개

20×1년 1월 1일에 변호사 2명이 출자하여 설립한 ㈜강남법무법인은 법률소송 서비스 회사이며, 다음은 본 회사의 20×1년 동안의 거래내역이다. 다음 거래에 대한 분개를 하시오. 단, 본 회사의 회계연도는 1월 1일부터 12월 31일까지이다.

① 1월 1일: 회사설립에 필요한 현금 ₩50,000,000을 출자 받고 주식을 발행하다.
② 1월 1일: 사무실 임차계약을 체결하였고 1년간 임차료 ₩10,000,000을 모두 현금으로 지급하다.
③ 2월 1일: 인터넷에 개업을 알리는 광고를 게재하기 위해 현금 ₩1,000,000을 지급하다.
④ 3월 1일: 민사소송에 필요한 서류작성을 대행해 주고 ₩9,000,000을 현금으로 받다.
⑤ 5월 1일: 영업에 사용할 목적으로 건물을 ₩30,000,000에 구입하였고, 그 대금 중에서 ₩10,000,000은 현금으로 지급하고 나머지는 나중에 지급하기로 하다.
⑥ 6월 1일: 민사소송 서비스를 제공하고, 그 대금 중에서 ₩10,000,000을 현금으로 받고 나머지 ₩3,000,000은 나중에 받기로 하다.
⑦ 8월 1일: 6월 1일에 발생한 소송대금 미수액 중 ₩2,000,000을 현금으로 받다.
⑧ 10월 1일: 은행으로부터 현금 ₩10,000,000을 연 6%의 이자율로 2년 동안 차입하고, 이자는 전액 만기에 원금과 함께 지급하기로 하다.
⑨ 12월 1일: 직원을 채용하면서 월 급여 ₩3,000,000을 20×2년 1월 1일에 지급하기로 약속하다.

2.2 전기

[연습문제 2.1]을 참조하여 ㈜강남법무법인의 거래를 전기하시오.

2.3 분개와 전기

20×1년 1월 1일에 설립한 ㈜강남텔레콤은 통신 서비스 회사이며, 다음은 본 회사의 20×1년 동안의 거래내역이다. 다음 거래에 대한 분개와 전기를 하시오. 단, 본 회사의 회계연도는 1월 1일부터 12월 31일까지이다.

① 1월 1일: 회사설립에 필요한 현금 ₩60,000,000을 출자 받고 주식을 발행하다.
② 1월 1일: 사무실 임차계약을 체결하였고 1년간 임차료 ₩5,000,000을 모두 현금으로 지급하다.

③ 2월 1일: 소모품비로 현금 ₩1,000,000을 지급하다.

④ 3월 1일: 은행으로부터 현금 ₩10,000,000을 연 3%의 이자율로 1년 동안 차입하다. 단, 이자는 전액 만기에 원금과 함께 지급하기로 하다.

⑤ 4월 1일: 회사를 광고하기 위해 신문사에 현금 ₩5,000,000을 지급하다.

⑥ 5월 1일: 영업에 사용할 목적으로 건물을 ₩20,000,000에 구입하였고, 그 대금 중에서 ₩15,000,000은 현금으로 지급하고 나머지는 나중에 지급하기로 하다.

⑦ 9월 1일: 통신 서비스를 제공한 후에 그 대금 ₩20,000,000을 모두 나중에 받기로 하다.

⑧ 11월 1일: 거래처에 현금 ₩10,000,000을 연 6%의 이자율로 1년 동안 대여하다. 단, 이자는 전액 만기에 원금과 함께 수취하기로 하다.

⑨ 12월 31일: 12월 1일에 채용한 직원의 급여 ₩2,000,000을 현금으로 지급하다.

연/습/문/제/해/설

연습문제 2.1

① 1월 1일

(차) 현 금	50,000,000	(대) 자 본 금	50,000,000

☞ 현금(자산)의 증가(+) → 차변 / 자본금(자본)의 증가(+) → 대변

② 1월 1일

(차) 임 차 료	10,000,000	(대) 현 금	10,000,000

☞ 임차료(비용)의 증가(+) → 차변 / 현금(자산)의 감소(-) → 대변

③ 2월 1일

(차) 광 고 선 전 비	1,000,000	(대) 현 금	1,000,000

☞ 광고선전비(비용)의 증가(+) → 차변 / 현금(자산)의 감소(-) → 대변

④ 3월 1일

(차) 현 금	9,000,000	(대) 매 출	9,000,000

☞ 현금(자산)의 증가(+) → 차변 / 매출(수익)의 증가(+) → 대변

⑤ 5월 1일

(차) 건 물	30,000,000	(대) 현 금	10,000,000
		미 지 급 금	20,000,000

☞ 건물(자산)의 증가(+) → 차변 / 현금(자산)의 감소(-), 미지급금(부채)의 증가(+) → 대변

⑥ 6월 1일

(차) 현 금	10,000,000	(대) 매 출	13,000,000
매 출 채 권	3,000,000		

☞ 현금(자산)의 증가(+), 매출채권(자산)의 증가(+) → 차변 / 매출(수익)의 증가(+) → 대변

⑦ 8월 1일

(차) 현 금	2,000,000	(대) 매 출 채 권	2,000,000

☞ 현금(자산)의 증가(+) → 차변 / 매출채권(자산)의 감소(-) → 대변

⑧ 10월 1일

(차) 현 금	10,000,000	(대) 장 기 차 입 금	10,000,000

☞ 현금(자산)의 증가(+) → 차변 / 장기차입금(부채)의 증가(+) → 대변

⑨ 12월 1일 분개 없음, 급여의 미지급에 대한 분개는 3장에서 다루어짐.

연습문제 2.2

❖ 전기(손익계산서 계정) ❖

[1] 수익 계정

매	출
	3/ 1 9,000,000
	6/ 1 13,000,000

[2] 비용 계정

임	차 료
1/ 1 10,000,000	

광고	선전비
2/ 1 1,000,000	

❖ 전기(재무상태표 계정) ❖

[3] 자산 계정

현	금
1/ 1 50,000,000	1/ 1 10,000,000
3/ 1 9,000,000	2/ 1 1,000,000
6/ 1 10,000,000	5/ 1 10,000,000
8/ 1 2,000,000	
10/ 1 10,000,000	

건	물
5/ 1 30,000,000	

매출	채권
6/ 1 3,000,000	8/ 1 2,000,000

[4] 부채 계정

미지	급금
	5/ 1 20,000,000

장기	차입금
	10/ 1 10,000,000

[5] 자본 계정

자	본 금
	1/ 1 50,000,000

연습문제 2.3

① 1월 1일

(차) 현금	60,000,000	(대) 자본금	60,000,000

☞ 현금(자산)의 증가(+) → 차변 / 자본금(자본)의 증가(+) → 대변

② 1월 1일

(차) 임차료	5,000,000	(대) 현금	5,000,000

☞ 임차료(비용)의 증가(+) → 차변 / 현금(자산)의 감소(-) → 대변

③ 2월 1일

(차) 소모품비	1,000,000	(대) 현금	1,000,000

☞ 소모품비(비용)의 증가(+) → 차변 / 현금(자산)의 감소(-) → 대변

④ 3월 1일

(차) 현금	10,000,000	(대) 단기차입금	10,000,000

☞ 현금(자산)의 증가(+) → 차변 / 단기차입금(부채)의 증가(+) → 대변

⑤ 4월 1일

(차) 광고선전비	5,000,000	(대) 현금	5,000,000

☞ 광고선전비(비용)의 증가(+) → 차변 / 현금(자산)의 감소(-) → 대변

⑥ 5월 1일

(차) 건물	20,000,000	(대) 현금	15,000,000
		미지급금	5,000,000

☞ 건물(자산)의 증가(+) → 차변 / 현금(자산)의 감소(-), 미지급금(부채)의 증가(+) → 대변

⑦ 9월 1일

(차) 매출채권	20,000,000	(대) 매출	20,000,000

☞ 매출채권(자산)의 증가(+) → 차변 / 매출(수익)의 증가(+) → 대변

⑧ 11월 1일

(차) 단기대여금	10,000,000	(대) 현금	10,000,000

☞ 단기대여금(자산)의 증가(+) → 차변 / 현금(자산)의 감소(-) → 대변

⑨ 12월 31일

(차) 급여	2,000,000	(대) 현금	2,000,000

☞ 급여(비용)의 증가(+) → 차변 / 현금(자산)의 감소(-) → 대변

❖ 전기(손익계산서 계정) ❖

[1] 수익 계정

매 출

	9/ 1 20,000,000

[2] 비용 계정

임 차 료

1/ 1 5,000,000	

소모품비

2/ 1 1,000,000	

광고선전비

4/ 1 5,000,000	

급 여

12/31 2,000,000	

❖ 전기(재무상태표 계정) ❖

[3] 자산 계정

현 금

1/ 1 60,000,000	1/ 1 5,000,000
3/ 1 10,000,000	2/ 1 1,000,000
	4/ 1 5,000,000
	5/ 1 15,000,000
	11/ 1 10,000,000
	12/31 2,000,000

건 물

5/ 1 20,000,000	

매출채권

9/ 1 20,000,000	

단기대여금

11/ 1 10,000,000	

[4] 부채 계정

단기차입금

	3/ 1 10,000,000

미지급금

	5/ 1 5,000,000

[5] 자본 계정

자 본 금

	1/ 1 60,000,000

제3장

유학생을 위한 회계원리 - 한국어버전

재무제표의 작성

Accounting principles for international students
Korean version

I 결산정리분개

1 결산정리분개의 의의

기업이 기중에 발생하는 모든 거래와 사건을 빠짐없이 분개하고 전기하더라도 회계기간 동안 발생한 재무상태의 변동을 정확하게 반영한 재무제표를 작성할 수 없을 수 있다. 또는 기업이 기중에 모든 거래를 일일이 기록하는 것이 비효율적이라고 판단하여 일부 거래의 기록을 생략하는 경우도 있다. 따라서 기중에 기록한 내용에 수정이 필요한 경우에는 수정하는 기록을 하거나, 기중에 기록하지 못한 거래나 사건에 대해서는 추가로 기록을 하는데 이를 결산정리분개(수정분개라고도 함)라고 한다. 또한 결산정리분개와 구분하기 위해서 기중에 발생한 거래를 기중분개라고 한다.

2 결산정리분개의 종류

결산정리분개가 필요한 경우는 매우 많지만, 본서에서는 가장 기본적이고 빈번한 '미지급비용'과 '미수수익'만 다룰 것이다.[3)]

1. 미지급비용

회계기간 중에 비용은 발생했으나 회계기간 말 시점인 결산일 현재 이와 관련된 회계기록이 이루어지지 않은 경우에, 누락된 비용의 인식과 함께 미지급비용을 인식해야 한다. 미지급비용accrued expense은 발생한 비용에 대해 미래에 경제적자원을 이전해야 할 현재 의무이

---

3) 발생 기준 (accrual basis) 및 현금 기준 (cash basis)

1. 발생 기준
   현금 수취와 지급 여부에 관계없이 회계기간에 이미 발생한 수익 또는 비용은 당기의 수익 또는 비용으로 인식하고 손익계산서에 포함해야 한다. 마찬가지로 당기에 발생하지 않은 수익 또는 비용은 현금을 수취하고 지급했다 하더라도 당기의 수익 또는 비용으로 인식할 수 없다.
2. 현금 기준
   수익 또는 비용을 인식할 때 실제로 입금받았는지 또는 지급했는지만 고려하고, 입금을 받는 권리 또는 지급하는 의무가 있는지 여부는 고려하지 않는 기준이다.
3. 재무제표 작성시에는 기업회계기준에 따라 발생주의에 근거하여 회계처리를 해야 한다.

므로 부채로 분류되며, 발생한 비용의 항목에 따라 구체적인 계정과목을 사용할 수도 있다. 예를 들어, 급여/임차료/이자비용을 미지급했다면 각각 미지급급여/미지급임차료/미지급이자(비용)로 계정과목을 구분해서 사용할 수 있다.

예 1

㈜강남서비스는 12월 1일에 직원을 채용하였고, ₩1,000,000의 급여를 매월 말일에 지급하기로 계약하였다. 그러나 자금조달이 어려워 12월 31일 현재 급여가 지급되지 않고 있을 때, 미지급된 급여에 대한 결산정리분개는? 단, ㈜강남서비스의 회계기간은 1월 1일부터 12월 31일까지이다.

12월 1일부터 12월 31일까지 발생한 급여(비용)는 회사의 자금조달이 어려워 미지급된 상태로, 이에 대해 회계처리를 하지 않은 상태이다. 따라서 미지급된 급여에 대한 의무(부채)를 포함한 결산정리분개는 다음과 같다.

(차) 급　　여	1,000,000	(대) 미 지 급 급 여	1,000,000
↓		↓	
비용의 증가(+)		부채의 증가(+)	

급여(비용)가 발생(+)하였으므로 차변에 기록하고, 미래에 급여를 지급할 의무인 미지급급여는 부채항목이므로 대변에 기록한다. 미지급급여는 미지급비용의 구체적인 계정과목이다.

2. 미수수익

회계기간 중에 수익은 발생하였으나 결산일 현재 이와 관련된 회계기록이 이루어지지 않은 경우에, 누락된 수익의 인식과 함께 미수수익을 인식해야 한다. 미수수익accrued revenue은 발생한 수익에 대해 미래에 경제적자원을 수취할 수 있는 권리이므로 자산으로 분류되며, 발생한 수익의 항목에 따라 구체적인 계정과목을 사용할 수도 있다. 예를 들어, 임대료/이자수익을 수령하지 않았다면 각각 미수임대료/미수이자(수익)로 계정과목을 구분해서 사용할 수 있다.

예 2

㈜강남서비스는 12월 1일에 사무실을 임대하였고, ₩1,000,000의 임대료를 매월 말일에 받기로 계약하였다. 그러나 12월 31일 현재 임대료를 수취하지 못하고 있을 때, 미수취한 임대료에 대한 결산정리분개는? 단, ㈜강남서비스의 회계기간은 1월 1일부터 12월 31일까지이다.

12월 1일부터 12월 31일까지 발생한 임대료(수익)는 미수취한 상태로, 이에 대해 회계처리를 하지 않은 상태이다. 따라서 미수취한 임대료에 대한 권리(자산)를 포함한 결산정리분개는 다음과 같다.

(차) 미 수 임 대 료	1,000,000	(대) 임 대 료	1,000,000
↓ 자산의 증가(+)		↓ 수익의 증가(+)	

임대료(수익)가 발생(+)하였으므로 대변에 기록하고, 미래에 임대료를 받을 권리인 미수임대료는 자산이므로 차변에 기록한다. 미수임대료는 미수수익의 구체적인 계정과목이다.

예제 3.1 결산정리분개

다음은 20×1년 1월 1일에 설립한 ㈜강남서비스의 20×1년 동안의 거래내역이다. 단, 본 회사의 회계연도는 1월 1일부터 12월 31일까지이다.

① 5월 1일: 은행으로부터 현금 ₩40,000,000을 연 3%의 이자율 조건으로 1년 동안 차입하다. 단, 이자는 전액 만기에 지급하기로 하다.
② 7월 1일: 거래처에 현금 ₩20,000,000을 연 6%의 이자율 조건으로 2년 동안 대여하다. 단, 이자는 전액 만기에 받기로 하다.
③ 11월 1일: 사무실 임차계약을 체결하였고, 1년 동안의 임차료 ₩1,200,000을 20×2년 11월 1일에 지급하기로 하다.
④ 12월 1일: 사무실의 일부 공간을 임대하였고, 월 임대료 ₩100,000을 20×2년 1월 1일에 수령하기로 하다.

【물음 1】 ㈜강남서비스의 20×1년 거래들에 대한 기중분개를 하시오.

풀이

① 5월 1일

(차) 현 금	40,000,000	(대) 단 기 차 입 금	40,000,000

② 7월 1일

(차) 장 기 대 여 금	20,000,000	(대) 현 금	20,000,000

③ 11월 1일, ④ 12월 1일: 임차료 지급과 임대료 수령은 20×2년에 발생할 예정이므로, 20×1년 기중에는 별도의 분개가 없고 12월 31일 결산정리분개가 필요함.

【물음 2】 ㈜강남서비스의 20×1년 거래들에 대한 결산정리분개를 하시오.

풀이

① 5월 1일: 은행으로부터 현금 ₩40,000,000을 연 3%의 이자율 조건으로 1년 동안 차입하다. 단, 이자는 전액 만기에 지급하기로 하다.

☞ 5월 1일부터 12월 31일까지 8개월간의 이자비용 ₩800,000(= ₩40,000,000 × 3% × $\frac{8}{12}$)을 인식하는 동시에 미지급이자(부채)를 증가시킨다.

(차) 이 자 비 용	800,000	(대) 미 지 급 이 자	800,000

② 7월 1일: 거래처에 현금 ₩20,000,000을 연 6%의 이자율 조건으로 2년 동안 대여하다. 단, 이자는 전액 만기에 받기로 하다.

☞ 7월 1일부터 12월 31일까지 6개월간 발생한 이자수익 ₩600,000(= ₩20,000,000 × 6% × $\frac{6}{12}$)을 인식하는 동시에 미수이자(자산)를 증가시킨다.

(차) 미 수 이 자	600,000	(대) 이 자 수 익	600,000

③ 11월 1일: 사무실 임차계약을 체결하였고, 1년 동안의 임차료 ₩1,200,000을 20×2년 11월 1일에 지급하기로 하다.

☞ 11월 1일부터 12월 31일까지 발생한 2개월간의 임차료 ₩200,000(= ₩1,200,000 × $\frac{2}{12}$)을 인식하는 동시에 미지급임차료(부채)를 증가시킨다.

(차) 임 차 료	200,000	(대) 미 지 급 임 차 료	200,000

④ 12월 1일: 사무실의 일부 공간을 임대하였고, 월 임대료 ₩100,000을 20×2년 1월 1일에 수령하기로 하다.

☞ 12월 1일부터 12월 31일까지 발생한 1개월간의 임대료 ₩100,000(= ₩100,000 × 1개월)을 인식하는 동시에 미수임대료(자산)를 증가시킨다.

(차) 미 수 임 대 료	100,000	(대) 임 대 료	100,000

Ⅱ 회계순환과정과 총계정원장

1 회계순환과정

회계순환과정은 회계상 거래를 인식하여 최종적으로 재무제표를 완성하는 과정을 회계기간마다 지속적으로 반복하는 것이다. 일반적으로 회계순환과정은 분개와 전기 이외에도 시산표trial balance 작성 등 여러 절차를 통해서 재무제표를 완성하는 과정을 의미한다. 그러나 현재의 전산화된 회계시스템 체제에서는 분개와 동시에 전기가 자동적으로 이루어지고, 이와 관련된 오류도 동시에 검증된다. 따라서 분개와 전기의 오류 검증 과정인 시산표는 더 이상 필요한 절차가 아니므로 본서에서는 생략한다. 다만 회계순환과정의 기본적인 개념을 이해하기 위해서 최소의 절차를 통해 회계순환과정을 압축하고자 하며, 자세한 것은 다음과 같다.

회계순환과정: ① 기중분개와 결산정리분개 → ② 전기 → ③ 총계정원장 → ④ 재무제표

① 기중분개와 결산정리분개: 회계상 거래를 인식하면 기중분개를 하고, 기중거래에 대한 수정분개가 필요하면 결산정리분개를 추가한다. 기중분개처럼 결산정리분개도 각 계정으로 옮겨 적는 전기를 하므로, 기중에 작성된 계정의 금액이 변동되기도 하고 기중에 없었던 계정이 추가되기도 한다.

② 전기: 기중분개와 결산정리분개가 마무리되면, '수익, 비용, 자산, 부채, 자본'의 각 계정과목별로 구분하여 전기를 한다.

③ 총계정원장: 계정별 잔액을 계산하여 표시한 총계정원장을 작성한다.

④ 재무제표: 총계정원장의 잔액을 이용하여 손익계산서와 재무상태표 등의 재무제표를 완성한다.

2 총계정원장

총계정원장general ledger은 잔액이 표시된 모든 계정들을 모아두는 장부로, 계정들은 '수익, 비용, 자산, 부채, 자본'의 항목별로 배열되어 있다. 총계정원장을 이용하여 재무제표를 작성하는데, '수익, 비용'의 계정 잔액을 이용하여 손익계산서를 작성하고, '자산, 부채, 자본'의

계정 잔액을 이용하여 재무상태표를 작성한다.

예제 3.2 **총계정원장**

20×1년 1월 1일에 회계사 2명이 출자하여 설립한 ㈜강남회계컨설팅은 회계전문 서비스 업체이며, 다음은 본 회사의 20×1년 동안의 거래내역이다. 단, 본 회사의 회계연도는 1월 1일부터 12월 31일까지이다.

① 1월 1일: 회사설립에 필요한 현금 ₩50,000,000을 출자 받고 주식을 발행하다.
② 2월 1일: 소모품비로 현금 ₩2,000,000을 지급하다.
③ 3월 1일: 은행으로부터 현금 ₩40,000,000을 연 3%의 이자율로 1년 동안 차입하다. 단, 이자는 전액 만기에 원금과 함께 지급하기로 하다.
④ 6월 1일: 회사를 광고하기 위해 신문사에 현금 ₩2,000,000을 지급하다.
⑤ 7월 1일: 회계자문을 제공하고 ₩30,000,000을 나중에 받기로 하다.
⑥ 9월 1일: 7월 1일의 외상대금 중 ₩10,000,000을 현금으로 받다.
⑦ 11월 1일: 거래처에 현금 ₩20,000,000을 연 6%의 이자율로 2년 동안 대여하다. 단, 이자는 전액 만기에 원금과 함께 수취하기로 하다.
⑧ 12월 1일: 영업에 사용할 목적으로 건물을 ₩15,000,000에 구입하였고, 그 대금 중에서 ₩5,000,000은 현금으로 지급하고 나머지는 나중에 지급하기로 하다.
⑨ 12월 31일: 12월 1일에 채용한 직원의 급여 ₩2,000,000을 현금으로 지급하다.

【물음 1】 ㈜강남회계컨설팅의 거래에 대한 기중분개를 하시오.

풀이

※ 본 문제는 2장의 예제 2.1과 연결된 문제로, 기중분개에 대한 풀이과정은 생략한다.

① 1월 1일

(차) 현 금	50,000,000	(대) 자 본 금	50,000,000

② 2월 1일

(차) 소 모 품 비	2,000,000	(대) 현 금	2,000,000

③ 3월 1일

(차) 현 금	40,000,000	(대) 단 기 차 입 금	40,000,000

④ 6월 1일

(차) 광 고 선 전 비	2,000,000	(대) 현 금	2,000,000

⑤ 7월 1일

(차) 매 출 채 권	30,000,000	(대) 매 출	30,000,000

⑥ 9월 1일

(차) 현 금	10,000,000	(대) 매 출 채 권	10,000,000

⑦ 11월 1일

(차) 장 기 대 여 금	20,000,000	(대) 현 금	20,000,000

⑧ 12월 1일

(차) 건 물	15,000,000	(대) 현 금	5,000,000
		미 지 급 금	10,000,000

⑨ 12월 31일

(차) 급 여	2,000,000	(대) 현 금	2,000,000

【물음 2】 ㈜강남회계컨설팅의 거래에 대한 결산정리분개를 하시오.

풀이

※ 기중분개 중에서 결산정리분개가 필요한 거래는 ③번과 ⑦번 거래이며, 기중분개와 구분하기 위해서 파란색으로 표시한다.

③ 3월 1일: 은행으로부터 현금 ₩40,000,000을 연 3%의 이자율로 1년 동안 차입하다. 단, 이자는 전액 만기에 원금과 함께 지급하기로 하다.

☞ 3월 1일부터 12월 31일까지 10개월간의 이자비용 ₩1,000,000(= ₩40,000,000 × 3% × $\frac{10}{12}$)을 인식하는 동시에 미지급이자(부채)를 증가시킨다.

(차) 이 자 비 용	1,000,000	(대) 미 지 급 이 자	1,000,000

⑦ 11월 1일: 거래처에 현금 ₩20,000,000을 연 6%의 이자율로 2년 동안 대여하다. 단, 이자는 전액 만기에 원금과 함께 수취하기로 하다.

☞ 11월 1일부터 12월 31일까지 2개월간 발생한 이자수익 ₩200,000(= ₩20,000,000 × 6% × $\frac{2}{12}$)을 인식하는 동시에 미수이자(자산)를 증가시킨다.

(차) 미 수 이 자	200,000	(대) 이 자 수 익	200,000

【물음 3】 ㈜강남회계컨설팅의 거래에 대한 분개를 전기하여 총계정원장을 작성하시오.

풀이

※ 결산정리분개에 대한 전기는 파란색으로 표시한다.

일자	차변	금액	대변	금액
1/1	(차) 현금	50,000,000	(대) 자본금	50,000,000
2/1	(차) 소모품비	2,000,000	(대) 현금	2,000,000
3/1	(차) 현금	40,000,000	(대) 단기차입금	40,000,000
6/1	(차) 광고선전비	2,000,000	(대) 현금	2,000,000
7/1	(차) 매출채권	30,000,000	(대) 매출	30,000,000
91	(차) 현금	10,000,000	(대) 매출채권	10,000,000
11/1	(차) 장기대여금	20,000,000	(대) 현금	20,000,000
12/1	(차) 건물	15,000,000	(대) 현금 미지급금	5,000,000 10,000,000
12/31	(차) 급여	2,000,000	(대) 현금	2,000,000
12/31	(차) 이자비용	1,000,000	(대) 미지급이자	1,000,000
12/31	(차) 미수이자	200,000	(대) 이자수익	200,000

❖ 총계정원장(손익계산서 계정) ❖

[1] 수익 계정

매출

	7/ 1	30,000,000
	잔 액	30,000,000

이자수익

	12/31	200,000
	잔 액	200,000

[2] 비용 계정

소모품비

2/ 1	2,000,000		
잔 액	2,000,000		

광고선전비

6/ 1	2,000,000		
잔 액	2,000,000		

급 여

12/31	2,000,000		
잔 액	2,000,000		

이자비용

12/31	1,000,000		
잔 액	1,000,000		

❖ 총계정원장(재무상태표 계정) ❖

[3] 자산 계정

현 금

1/ 1	50,000,000	2/ 1	2,000,000
3/ 1	40,000,000	6/ 1	2,000,000
9/ 1	10,000,000	11/ 1	20,000,000
		12/ 1	5,000,000
		12/31	2,000,000
잔 액	69,000,000		

매출채권

7/ 1	30,000,000	9/ 1	10,000,000
잔 액	20,000,000		

장기대여금

11/ 1	20,000,000		
잔 액	20,000,000		

건 물

12/ 1	15,000,000		
잔 액	15,000,000		

미수이자

12/31	200,000		
잔 액	200,000		

[4] 부채 계정

단기차입금

		3/ 1	40,000,000
		잔 액	40,000,000

미지급금

		12/ 1	10,000,000
		잔 액	10,000,000

미지급이자

		12/31	1,000,000
		잔 액	1,000,000

[5] 자본 계정

자 본 금

		1/ 1	50,000,000
		잔 액	50,000,000

☞ 기중분개만 전기한 예제 2.2와 비교해보면, 결산정리분개가 포함되어 파란색 부분이 추가되었다. 또한 총계정원장이므로 잔액이 추가로 표시되었다.

Ⅲ 손익계산서와 재무상태표

1 손익계산서

1. 분류 및 보고양식

수익은 매출액, 기타수익, 금융수익 등으로 분류하며, 비용은 매출원가, 판매비와관리비, 기타비용, 금융비용 등으로 분류한다. 손익계산서에서는 각 수익과 비용을 이용하여 단계별로 매출총이익(손실), 영업이익(손실), 법인세비용차감전순이익(손실)과 당기순이익(손실)을 계산하여 보고한다. 서비스기업에서 필요 없는 항목인 『매출원가와 매출총이익에 대해서는 4장에서 자세히 다룬다.』

손익계산서

제2기 20×2년 1월 1일부터 20×2년 12월 31일까지
제1기 20×1년 1월 1일부터 20×1년 12월 31일까지

㈜강남 (단위: ₩)

과 목	제2기	제1기
매 출 액	×××	×××
매 출 원 가 → 서비스기업은 생략	(×××)	(×××)
매출총이익(손실) → 서비스기업은 생략	×××	×××
판매비와관리비	(×××)	(×××)
영업이익(손실)	×××	×××
기 타 수 익	×××	×××
기 타 비 용	(×××)	(×××)
금 융 수 익	×××	×××
금 융 비 용	(×××)	(×××)
법인세비용차감전순이익(손실)	×××	×××
법 인 세 비 용	(×××)	(×××)
당기순이익(손실)	×××	×××

2. 구성항목

① 매출액

매출액sales은 상품, 제품 등의 판매와 서비스의 제공으로 얻는 수익, 즉 매출의 합계액인 총매출액에서 할인 등을 차감한 순매출액을 의미한다.

② 매출원가와 매출총이익(손실)

매출원가costs of goods sold는 매출활동에서 제공한 상품 또는 제품의 취득원가를 의미하며, 매출총이익(손실)gross margin(loss) on sales은 매출액에서 매출원가를 차감하여 계산한다. 서비스기업은 서비스의 제공이 매출이므로 상품 및 제품과 관련이 없기 때문에, 매출원가가 존재하지 않는다.

③ 판매비와관리비

판매비와관리비selling and administrative expenses는 상품, 제품과 서비스의 판매활동과 기업의 관리활동에서 발생한 비용이다. 판매비와관리비에는 급여, 광고선전비, 임차료, 소모품비, 보험료 등이 포함된다.

④ 영업이익(손실)

영업이익(손실)operating income(loss)은 매출총이익(손실)에서 판매비와관리비를 차감하여 계산한다.

⑤ 기타수익과 금융수익

기타수익other income은 영업활동과 무관한 영업외수익으로 임대료 등을 포함하며, 금융수익finance income은 자금의 대여로 발생하는 이자수익 등을 포함한다.

⑥ 기타비용과 금융비용

기타비용other expenses은 영업활동과 무관한 영업외비용이며, 금융비용finance expenses은 자금의 차입으로 발생하는 이자비용 등을 포함한다.

⑦ 법인세비용차감전순이익(손실)

법인세비용차감전순이익(손실)income(loss) before income taxes은 영업이익(손실)에 기타수익과 금융수익을 가산하고 기타비용과 금융비용을 차감하여 계산한다.

⑧ 법인세비용과 당기순이익(손실)

법인세비용income tax expense은 법인세법 등에 의하여 법인이 부담할 법인세 등이며, 당기순이익(손실)net income(loss) for the year은 법인세비용차감전순이익(손실)에서 법인세비용을 차감하여 계산한다.

⑨ 당기순이익과 이익잉여금

당기순이익은 회계기간 동안 기업이 창출한 소유주의 몫인 자본으로, [표 3-1]처럼 당기순이익은 장부의 마감을 통해서 자본인 이익잉여금earned surplus의 미처분이익잉여금unappropriated earned surplus으로 이전되며, 『자세한 내용은 4절에서 다룬다.』

▼ 표 3-1 | 당기순이익과 이익잉여금의 관계

손익계산서		재무상태표
과 목		과 목
매출액		자산
매출원가		부채
매출총이익		자본
영업이익		자본금
:		이익잉여금
당기순이익	⟶	미처분이익잉여금

중국회계

중국회계기준에 따른 손익계산서(일반 기업)의 보고양식을 소개한다. 본문에서 배운 손익계산서와 비교하면 보고형식 및 개별 항목 위치가 약간 다르다.

损益表

企业名称 : ABC服装股份有限公司　　　　单位 : 万人民币

项目	2020年	2019年
一、营业收入(영업수익)	1,000	900
减 : 营业成本	400	350
税金及附加	10	10
销售费用	70	65
管理费用	60	70
财务费用	35	35
二、营业利润 (净亏损以"—"号填列) (영업손익)	425	370
加 : 营业外收入	3	10
减 : 营业外支出	8	0

项目	2020年	2019年
三、利润总额（亏损总额以"—"号填列）(세전순손익)	420	380
减：所得税费用	105	95
四、净利润（净亏损以"—"号填列）(당기순손익)	315	285

주요 항목에 대한 설명:

1. 영업수익에는 주영업수익과 기타영업수익이 포함된다. 주영업수익은 본문에서 나온 '매출액'과 동일하게 제품 또는 상품 판매로 얻는 수익이다. 기타영업수익은 임대 수익 같은 주영업 외의 부수적인 영업활동을 통해 얻는 영업수익이다. 본문에서 나온 '기타 수익'과 달리 중국회계에서 '기타영업수익'은 영업외수익이 아닌 영업수익 항목이므로 '영업이익'의 상단에 있으며 본문에서 나온 '기타수익'은 영업외수익으로 분류되어 '영업이익'의 하단에 있다.
2. 영업비용에는 주영업비용과 기타영업비용이 포함된다. 주영업비용은 본문에서 나온 '매출원가'와 동일하다. 기타영업비용은 주영업 외의 부수적인 영업을 운영하기 위해 발생하는 비용이다.
3. 판매비용은 판매 활동을 위해 발생하는 비용인데 광고비, 영업직원의 급여, 영업부서의 각종 사무비, 감가상각비 등을 포함한다. 판매비는 관리비와 구분해서 따로 보고해야 한다.
4. 관리비는 기업의 관리부서에서 발생하는 비용으로 관리부서 직원의 급여, 관리부서의 각종 사무비, 감가상각비 등을 포함한다.
5. 금융비용은 기업이 자금조달을 위해 발생하는 이자비용 또는 외상거래를 할때 현금을 조기에 회수하기 위해 구매자에게 제공하는 현금할인 등을 말한다. 본문에서 배운 손익계산서와 달리 금융수익은 금융비용을 직접 차감하여 계상하므로 손익계산서에서 별도의 수익 항목으로 나타나지 않는다. 즉, 손익계산서에 나타나는 '금융비용'은 금융수익을 차감한 후의 순액이다.
6. 영업외수익 및 영업외비용은 기업 영업활동과 관련성이 적은 일시적, 우발적인 거래로 인해 발생하는 수익과 비용을 말한다. 영업외수익은 기부 또는 유형자산 매각 등으로 얻는 수익이고 영업외비용은 보상지출이나 유형자산 처분 등으로 발생하는 비용이다.

2 재무상태표

1. 분류 및 보고양식

(1) 자산

자산은 사용기간과 취득목적, 또는 유동성 여부에 따라 유동자산current assets과 비유동자산non-current assets으로 구분한다. 일반적으로 유동자산은 1년 이내의 단기간 사용하거나 판매할 목적으로 취득하여 보유하는 자산이고, 비유동자산은 1년을 초과하는 장기간 사용할 목적으로 보유하는 자산으로 유형자산, 무형자산 등이 있다.

(2) 부채

부채는 유동성 여부에 따라 유동부채current liabilities와 비유동부채non-current liabilities로 구분한다. 일반적으로 유동부채는 1년 이내에 현금을 상환하거나 서비스를 제공할 예정인 부채이며, 비유동부채는 1년을 초과하여 현금을 상환하거나 서비스를 제공할 예정인 부채이다.

(3) 자본

자본capital은 자산에 대한 소유주(주주)의 청구권 즉, 소유주 지분owners' equity을 의미하며, 발생 원인에 따라 자본금, 이익잉여금 등으로 구분한다.

재무상태표

제2기 20×2년 12월 31일 현재
제1기 20×1년 12월 31일 현재

㈜강남 (단위: ₩)

과 목	제2기	제1기
자 산		
유 동 자 산	×××	×××
현금및현금성자산	×××	×××
매 출 채 권	×××	×××
미 수 금	×××	×××
미 수 수 익	×××	×××
단 기 대 여 금	×××	×××
재 고 자 산	×××	×××
비 유 동 자 산	×××	×××
유 형 자 산	×××	×××
무 형 자 산	×××	×××
장 기 대 여 금	×××	×××
자 산 총 계	×××	×××
부 채		
유 동 부 채	×××	×××
매 입 채 무	×××	×××
미 지 급 금	×××	×××
미 지 급 비 용	×××	×××
단 기 차 입 금	×××	×××
비 유 동 부 채	×××	×××
사 채	×××	×××
장 기 차 입 금	×××	×××
부 채 총 계	×××	×××
자 본		
자 본 금	×××	×××
이 익 잉 여 금	×××	×××
자 본 총 계	×××	×××
부채와자본총계	×××	×××

2. 구성항목

(1) 유동자산

① 현금 및 현금성자산

현금 및 현금성자산cash and cash equivalents은 현금과 현금성자산을 의미한다. 여기서 현금cash은 통화, 수표와 수시입출금이 가능한 예금 등을 의미하고, 현금성자산cash equivalent은 현금과 거의 차이가 없는 유동성이 높은 자산이다. 그 예로는 취득일(또는 가입일)로부터 만기가 3개월 이내인 정기예금 등이 있다.

② 매출채권

매출채권trade receivable은 매출의 외상거래에서 발생한 채권 즉, 상품, 제품 등의 판매와 서비스의 제공 등 일반적인 상거래에서 발생한 채권이다.

③ 미수금

미수금non-trade receivable은 매출 이외의 외상거래에서 발생하는 채권 즉, 일반적 상거래 이외에서 발생하는 채권이다.

④ 미수수익

미수수익accrued revenue은 회계기간 중에 수익이 발생하였으나 결산일까지 현금의 수취가 이루어지지 않은 경우에 인식하는 채권이다.

⑤ 단기대여금

단기대여금short-term loans은 빌려준 돈인 대여금loans 중에서 만기가 1년 이내인 것이 해당된다.

⑥ 재고자산

재고자산inventories은 상품과 제품 등을 의미한다. 상기업의 경우에는 상품이 해당되고, 제조업의 경우에는 제품 등이 해당되며, 『자세한 내용은 4장에서 다룬다.』

(2) 비유동자산

① 유형자산

유형자산tangible assets은 기업이 직접 사용하기 위한 목적으로 보유하는 자원으로 물리적 실체가 있다. 유형자산에는 토지, 건물, 비품 등이 있으며, 비품furniture and fixtures은 1년을 초과하여 직접 사용할 목적으로 구입한 가구 등의 물품이다.

② 무형자산

무형자산intangible assets은 기업이 직접 사용하기 위한 목적으로 보유하는 자원으로서 물리적 실체가 없다. 무형자산에는 특허권 등이 있다.

③ 장기대여금

장기대여금long-term loans은 빌려준 돈인 대여금loans 중에서 만기가 1년을 초과하는 것이 해당된다.

(3) 유동부채

① 매입채무

매입채무trade payable는 재고자산을 외상으로 매입하는 거래에서 발생한 채무로, 매출채권에 대응된다. 『자세한 내용은 4장에서 다룬다.』

② 미지급금

미지급금non-trade payable은 재고자산의 이외의 자산의 외상구입에서 발생한 채무로, 미수금에 대응된다.

③ 미지급비용

미지급비용accrued expense은 회계기간 중에 비용이 발생했으나 결산일까지 현금의 지급이 이루어지지 않은 경우에 인식하는 채무로, 미수수익에 대응된다.

④ 단기차입금

단기차입금short-term borrowing은 빌린 돈인 차입금borrowing 중에서 만기가 1년 이내인 것이 해당된다.

(4) 비유동부채

① 사채

사채bonds는 주식회사가 회사의 채무임을 표시하는 증서를 발행하여 장기자금을 조달하는 경우에 사용하는 부채이다.

② 장기차입금

장기차입금long-term borrowing은 빌린 돈인 차입금borrowing 중에서 만기가 1년 초과인 것이 해당된다.

(5) 자본

① 자본금

자본금capital stock은 소유주(주주)로부터 출자 받은 금액이다.

② 이익잉여금

이익잉여금earned surplus은 기업이 영업활동을 통해 얻은 당기순이익에서 배당 등을 제외하고 회사 내부에 적립되는 금액으로, 미처분이익잉여금unappropriated earned surplus 등이 있다. 『자세한 내용은 7장에서 다룬다.』

중국회계

중국기업회계기준을 따른 재무상태표의 분류 및 보고형식은 본문의 내용과 거와 일치하나 개별 항목의 정의, 범위 또는 항목 설정에는 다소 차이가 있다. 주요 차이점은 다음과 같다.

1. '단기대여금'과 '장기대여금': 앞서 2장에서도 언급한 바와 같이 중국기업회계기준에 따르면, 비금융기관인 일반기업이 다른 기업이나 개인에게 자금을 빌려주는 거래는 Other Receivables 또는 Long-term other receivables (기간이 1 년을 초과하는 경우) 계정과목을 사용한다. '단기대여금' 및 '장기대여금'이라는 계정과목은 존재하지 않는다. 따라서 재무상태표에 '대여금'이라는 항목도 없다.
2. '미수수익' 및 '미지급비용': 재무상태표 작성시 미수수익 (임대료, 이자수익 등)은 Other Receivables으로 합쳐지고 미지급비용 (임차료, 이자비용 등)은 Other Payables로 합쳐진다. 단, 미지급급여와 미지급세금은 재무상태표에 별도 항목으로 나타난다.
3. 토지 관련 사항: 중국의 토지는 특별하다. 토지 소유권은 국가에 속하며 집을 건설하거나 취득한 후 소유주가 보유하게 되는 것은 토지 소유권이 아니라 토지 사용권이라고 한다. 따라서 중국 기업회계에서 '토지'는 직접 유형자산으로 처리하지 않는다. 일반적으로 건물을 건설하기 전에는 토지사용권이 '무형자산-토지사용권'으로 기록되며, 건물을 건설하는 기간에는 그 장부금액이 '건설중인자산'으로 대체되며, 건물 준공 후에는 토지사용권 금액이 건설 프로젝트에서 발생한 총 비용과 함께 '유형자산-건물'로 대체된다.

예제 3.3 **손익계산서와 재무상태표**

20×1년 1월 1일에 회계사 2명이 출자하여 설립한 ㈜강남회계컨설팅은 회계전문 서비스 업체이며, 다음은 본 회사의 20×1년 동안의 총계정원장이다. 단, 본 회사의 회계연도는 1월 1일부터 12월 31일까지이며, 법인세비용과 배당금은 없는 것으로 가정한다.

※ [예제 3.3]은 [예제 3.2]와 연결되는 문제로, 총계정원장의 산출과정은 [예제 3.2]를 참조한다.

❖ 총계정원장(손익계산서 계정) ❖

[1] 수익 계정

매 출

차변	대변
	7/ 1 30,000,000
	잔 액 30,000,000

이자수익

차변	대변
	12/31 200,000
	잔 액 200,000

[2] 비용 계정

소모품비

차변	대변
2/ 1 2,000,000	
잔 액 2,000,000	

광고선전비

차변	대변
6/ 1 2,000,000	
잔 액 2,000,000	

급 여

차변	대변
12/31 2,000,000	
잔 액 2,000,000	

이자비용

차변	대변
12/31 1,000,000	
잔 액 1,000,000	

❖ 총계정원장(재무상태표 계정) ❖

[3] 자산 계정

현 금

차변	대변
1/ 1 50,000,000	2/ 1 2,000,000
3/ 1 40,000,000	6/ 1 2,000,000
9/ 1 10,000,000	11/ 1 20,000,000
	12/ 1 5,000,000
	12/31 2,000,000
잔 액 69,000,000	

매출채권

차변	대변
7/ 1 30,000,000	9/ 1 10,000,000
잔 액 20,000,000	

장기대여금

차변	대변
11/ 1 20,000,000	
잔 액 20,000,000	

건 물

차변	대변
12/ 1 15,000,000	
잔 액 15,000,000	

미수이자

차변	대변
12/31 200,000	
잔 액 200,000	

[4] 부채 계정

단기차입금

차변	대변
	3/ 1 40,000,000
	잔 액 40,000,000

미지급금

차변	대변
	12/ 1 10,000,000
	잔 액 10,000,000

미지급이자

차변	대변
	12/31 1,000,000
	잔 액 1,000,000

[5] 자본 계정

자 본 금

차변	대변
	1/ 1 50,000,000
	잔 액 50,000,000

【물 음】 총계정원장을 참조하여 손익계산서와 재무상태표를 작성하시오.
단, 손익계산서의 당기순이익은 재무상태표의 이익잉여금에 모두 반영한다.

풀이

다음은 총계정원장의 계정들 중에서 손익계산서 계정의 잔액만 표시한 것이다.

[1] 수익 계정

매 출	
	잔 액 30,000,000

이자수익	
	잔 액 200,000

[2] 비용 계정

소모품비	
잔 액 2,000,000	

광고선전비	
잔 액 2,000,000	

급 여	
잔 액 2,000,000	

이자비용	
잔 액 1,000,000	

☞ 판매비와관리비에 속하는 계정은 소모품비, 광고선전비, 급여이다.

☞ 금융수익에 속하는 계정은 이자수익이고, 금융비용에 속하는 계정은 이자비용이다.

손익계산서

제1기 20×1년 1월 1일부터 20×1년 12월 31일까지

㈜강남서비스 (단위: ₩)

과 목	제1기
매 출 액	30,000,000
판매비와관리비	(6,000,000)
급 여	2,000,000
소 모 품 비	2,000,000
광 고 선 전 비	2,000,000
영 업 이 익	24,000,000
금 융 수 익	200,000
이 자 수 익	200,000
금 융 비 용	(1,000,000)
이 자 비 용	1,000,000
당 기 순 이 익	23,200,000

☞ 법인세비용과 배당금이 없으므로, 당기순이익은 장부의 마감을 통해서 모두 이익잉여금에 속하는 미처분이익잉여금 계정으로 이전된다. 그러나 자세한 내용은 7장에서 다루어질 예정이므로, 본 장에서는 이익잉여금에만 표시하고자 한다.

[3] 자산 계정

현 금	
잔 액 69,000,000	

매출채권	
잔 액 20,000,000	

장기대여금	
잔 액 20,000,000	

건 물	
잔 액 15,000,000	

미수이자	
잔 액 200,000	

[4] 부채 계정, [5] 자본 계정

단기차입금	
	잔 액 40,000,000

미지급금	
	잔 액 10,000,000

미지급이자	
	잔 액 1,000,000

자 본 금	
	잔 액 50,000,000

☞ 유동자산에 속하는 계정은 현금, 매출채권, 미수이자이고, 비유동자산에 속하는 계정은 장기대여금, 건물이다. 또한 부채는 모두 유동부채이다.

재무상태표

제1기 20×1년 12월 31일 현재

㈜강남서비스 (단위: ₩)

과 목	제1기
자 산	
유 동 자 산	89,200,000
현 금	69,000,000
매 출 채 권	20,000,000
미 수 이 자	200,000
비 유 동 자 산	35,000,000
장 기 대 여 금	20,000,000
건 물	15,000,000
자 산 총 계	124,200,000
부 채	
유 동 부 채	51,000,000
단 기 차 입 금	40,000,000
미 지 급 금	10,000,000
미 지 급 이 자	1,000,000
부 채 총 계	51,000,000
자 본	
자 본 금	50,000,000
이 익 잉 여 금4)	23,200,000
자 본 총 계	73,200,000
부채와자본총계	124,200,000

4) 본 예제에서 이익잉여금이 23,200,000원으로 손익계산서의 당기순이익과 일치하는 이유는 예제의 회사가 설립된 첫 해인 20×1년의 손익계산서와 20×1년 말의 재무상태표이기 때문이다. 즉, 설립시점의 이익잉여금이 0이므로 20×1년의 당기순이익이 합산된 금액이 재무상태표 상 이익잉여금으로 기록된 것이다. 따라서 20×2년 말 이익잉여금은 20×2년 손익계산서 상 당기순이익(손실)이 20×1년 말 이익잉여금 23,200,000원과 합산되어 계산되므로 손익계산서 상 당기순이익(손실)과 이익잉여금 잔액은 일치하지 않게 된다. 당기순이익(손실)과 이익잉여금이 일치하는 개념이 아니라는 점을 반드시 숙지해야 한다.

IV 장부의 마감

재무제표를 작성하고 난 후에는 다음 회계연도의 새로운 시작을 위해 총계정원장에 있는 각 계정을 정리하는 과정을 수행해야 하는데 이를 마감closing이라고 한다. 총계정원장은 손익계산서 작성에 필요한 수익과 비용 계정들과 재무상태표 작성에 사용되는 자산, 부채, 자본 계정들로 구성되는데 손익계산서 계정과 재무상태표 계정에 대한 마감방법이 서로 다르다.

첫째, 손익계산서는 특정 회계기간 동안 발생한 수익과 비용에 대해 보고하고 당기순이익(손실)이 계산되는 과정을 보여주는 보고서이다. 따라서 손익계산서 계정들은 회계기간이 종료되면 기존에 기록된 내용은 모두 지움으로써, 차기에 발생하는 수익 및 비용이 당기의 수익 및 비용과 섞이지 않고 새롭게 기록될 수 있다. 이러한 의미에서 손익계산서 계정을 임시계정temporary accounts이라고 한다.

둘째, 재무상태표는 특정 시점에 존재하는 자산, 부채, 자본의 현재 잔액을 보여주는 보고서이다. 따라서 재무상태표 계정들은 과거부터 현재까지 발생한 모든 거래들의 결과를 계속하여 보존하기 위해서 회계기간이 종료되더라도 기존에 기록된 내용을 지우지 않는다. 다만 기록의 관리를 위해 당기의 기말 잔액을 차기의 기초 금액으로 이월시키는 마감절차를 수행한다. 이러한 의미에서 재무상태표 계정을 영구계정permanent accounts이라고도 부른다.

1 손익계산서 계정의 마감

수익 및 비용의 임시계정을 마감하기 위해서는 ① 각 계정의 금액을 0(零)으로 만들어 주는 절차와 ② 당기순이익(손실) 금액을 재무상태표의 자본 계정인 미처분이익잉여금 계정에 이전하는 절차를 수행해야 한다. 이 때 사용하는 임시계정이 집합손익income summary 계정으로 먼저 각 수익 및 비용 계정의 잔액을 0으로 만들어 집합손익 계정으로 취합하기 위하여 다음과 같은 마감분개를 한다.

1. 수익 계정 마감

(차) 수익 계정의 잔액	×××	(대) 집 합 손 익	×××

2. 비용 계정의 마감

(차) 집 합 손 익	×××	(대) 비용 계정의 잔액	×××

이러한 손익계산서 계정의 마감을 통해 수익 및 비용은 모두 0(零)이 된다. 다음으로 아래와 같은 집합손익 계정의 마감분개를 하게 되면 집합손익 계정의 잔액도 0이 되고, 당기순이익(손실)은 미처분이익잉여금으로 대체된다.

1. 당기순이익의 마감

(차) 집 합 손 익	×××	(대) 미처분이익잉여금	×××

2. 당기순손실의 마감

(차) 미처분이익잉여금	×××	(대) 집 합 손 익	×××

[표 3-2]는 예제 3.2의 총계정원장에서 20×1년(당기)의 수익과 비용 계정 잔액을 마감분개를 통해 20×1년 말 현재의 미처분이익잉여금으로 이전하는 과정을 보여준다.

▼ 표 3-2 ㅣ 손익계산서 계정의 마감

1. 수익 및 비용 계정 잔액을 집합손익 계정으로 취합

집합손익

마감3	2,000,000	마감1	30,000,000
마감4	2,000,000	마감2	200,000
마감5	2,000,000		
마감6	1,000,000		
		잔 액	23,200,000

[1] 수익 계정

매 출

마감1	30,000,000	7/ 1	30,000,000
		잔 액	0

이자수익

마감2	200,000	12/31	200,000
		잔 액	0

[2] 비용 계정

소모품비

2/ 1	2,000,000	마감3	2,000,000
잔 액	0		

광고선전비

6/ 1	2,000,000	마감4	2,000,000
잔 액	0		

급 여

12/31	2,000,000	마감5	2,000,000
잔 액	0		

이자비용

12/31	1,000,000	마감6	2,000,000
잔 액	0		

2. 집합손익 계정의 마감

집합손익

차변		대변	
마감3	2,000,000	마감1	30,000,000
마감4	2,000,000	마감2	200,000
마감5	2,000,000		
마감6	1,000,000		
대체	23,200,000		
		잔 액	0

미처분이익잉여금

차변		대변	
		전기이월	0
		대체	23,200,000
		잔 액	23,200,000

2 재무상태표 계정의 마감

재무상태표 계정인 자산, 부채, 자본 관련 계정은 기록이 누적되어야 하는 성격의 계정이므로, 한 회계기간이 종료되면 이들 계정의 잔액은 그대로 다음 회계기간으로 넘어가게 된다. 따라서 한 기간을 마무리 한다는 의미에서 차변 및 대변의 합계액의 차이 금액을 차기이월이라는 명칭을 붙여 줌으로써 차기에 시작할 금액을 보여준다. 차기에는 차기이월의 반대쪽에 차기이월 금액을 그대로 이전한다.

[표 3-3]은 예제 3.2의 총계정원장에서 20×1년(당기)의 매출채권(자산), 단기차입금(부채)과 자본금(자본) 잔액을 차기이월을 통해서 20×2년(차기)으로 이전하는 과정을 보여준다.

▼ 표 3-3 | 재무상태표 계정의 마감

[3] 자산 계정

매출채권(20×1년)

차변		대변	
7/ 1	30,000,000	9/ 1	10,000,000
		차기이월	20,000,000
잔 액	0		

매출채권(20×2년)

차변		대변	
1/ 1	20,000,000		

[4] 부채 계정

단기차입금(20×1년)

차변		대변	
차기이월	40,000,000	3/ 1	40,000,000
		잔 액	0

단기차입금(20×2년)

차변		대변	
		1/ 1	40,000,000

[5] 자본 계정

자 본 금(20×1년)

차변		대변	
차기이월	50,000,000	1/ 1	50,000,000
		잔 액	0

자 본 금(20×2년)

차변		대변	
		1/ 1	50,000,000

연 / 습 / 문 / 제

3.1 결산정리분개와 총계정원장

20×1년 1월 1일에 변호사 2명이 출자하여 설립한 ㈜강남법무법인은 법률소송 서비스 회사이며, 다음은 본 회사의 20×1년 동안의 거래내역이다. 다음 거래에 대한 기중분개 및 결산정리분개를 하고 총계정원장을 작성하시오. 단, 본 회사의 회계연도는 1월 1일부터 12월 31일까지이다.

① 1월 1일: 회사설립에 필요한 현금 ₩50,000,000을 출자 받고 주식을 발행하다.

② 1월 1일: 사무실 임차계약을 체결하였고 1년간 임차료 ₩10,000,000을 모두 현금으로 지급하다.

③ 2월 1일: 인터넷에 개업을 알리는 광고를 게재하기 위해 현금 ₩1,000,000을 지급하다.

④ 3월 1일: 민사소송에 필요한 서류작성을 대행해 주고 ₩9,000,000을 현금으로 받다.

⑤ 5월 1일: 영업에 사용할 목적으로 건물을 ₩30,000,000에 구입하였고, 그 대금 중에서 ₩10,000,000은 현금으로 지급하고 나머지는 나중에 지급하기로 하다.

⑥ 6월 1일: 민사소송 서비스를 제공하고, 그 대금 중에서 ₩10,000,000을 현금으로 받고 나머지 ₩3,000,000은 나중에 받기로 하다.

⑦ 8월 1일: 6월 1일에 발생한 소송대금 미수액 중 ₩2,000,000을 현금으로 받다.

⑧ 10월 1일: 은행으로부터 현금 ₩10,000,000을 연 6%의 이자율로 2년 동안 차입하고, 이자는 전액 만기에 원금과 함께 지급하기로 하다.

⑨ 12월 1일: 직원을 채용하면서 월 급여 ₩3,000,000을 20×2년 1월 1일에 지급하기로 약속하다.

3.2 손익계산서와 재무상태표

[연습문제 3.1]의 총계정원장을 참조하여 손익계산서와 재무상태표를 작성하시오. 단, 본 회사의 회계연도는 1월 1일부터 12월 31일까지이며, 법인세비용 및 배당금은 없는 것으로 가정한다.

3.3 총계정원장, 손익계산서와 재무상태표

20×1년 1월 1일에 설립한 ㈜강남텔레콤은 통신 서비스 회사이며, 다음은 본 회사의 20×1년 동안의 거래내역이다. 다음 거래에 대한 총계정원장, 손익계산서와 재무상태표를 작성하시오. 단, 본 회사의 회계연도는 1월 1일부터 12월 31일까지이다.

① 1월 1일: 회사설립에 필요한 현금 ₩60,000,000을 출자 받고 주식을 발행하다.

② 1월 1일: 사무실 임차계약을 체결하였고 1년간 임차료 ₩5,000,000을 모두 현금으로 지급하다.

③ 2월 1일: 소모품비로 현금 ₩1,000,000을 지급하다.

④ 3월 1일: 은행으로부터 현금 ₩10,000,000을 연 3%의 이자율로 1년 동안 차입하다. 단, 이자는 전액 만기에 원금과 함께 지급하기로 하다.

⑤ 4월 1일: 회사를 광고하기 위해 신문사에 현금 ₩5,000,000을 지급하다.

⑥ 5월 1일: 영업에 사용할 목적으로 건물을 ₩20,000,000에 구입하였고, 그 대금 중에서 ₩15,000,000은 현금으로 지급하고 나머지는 나중에 지급하기로 하다.

⑦ 9월 1일: 통신 서비스를 제공한 후에 그 대금 ₩20,000,000을 모두 나중에 받기로 하다.

⑧ 11월 1일: 거래처에 현금 ₩10,000,000을 연 6%의 이자율로 1년 동안 대여하다. 단, 이자는 전액 만기에 원금과 함께 수취하기로 하다.

⑨ 12월 31일: 12월 1일에 채용한 직원의 급여 ₩2,000,000을 현금으로 지급하다.

연/습/문/제/해/설

연습문제 3.1

01 결산정리분개

※ 본 문제는 [연습문제 2.1]과 연결된 문제로, 기중분개에 대한 풀이과정은 생략한다.

⑧ 10월 1일: 은행으로부터 현금 ₩10,000,000을 연 6%의 이자율로 2년 동안 차입하고, 이자는 전액 만기에 원금과 함께 지급하기로 하다.

☞ 10월 1일부터 12월 31일까지 3개월간의 이자비용 ₩150,000(= ₩10,000,000 × 6% × $\frac{3}{12}$)을 인식하는 동시에 미지급이자(부채)를 증가시킨다.

(차) 이 자 비 용	150,000	(대) 미 지 급 이 자	150,000

⑨ 12월 1일: 직원을 채용하면서 월 급여 ₩3,000,000을 20×2년 1월 1일에 지급하기로 약속하다.

☞ 12월 1일부터 12월 31일까지 1개월간 발생한 급여 ₩3,000,000(= ₩3,000,000 × 1개월)을 인식하는 동시에 미지급급여(부채)를 증가시킨다.

(차) 급 여	3,000,000	(대) 미 지 급 급 여	3,000,000

02 총계정원장

날짜	차변	금액	대변	금액
1/ 1	(차) 현 금	50,000,000	(대) 자 본 금	50,000,000
1/ 1	(차) 임 차 료	10,000,000	(대) 현 금	10,000,000
2/ 1	(차) 광 고 선 전 비	1,000,000	(대) 현 금	1,000,000
3/ 1	(차) 현 금	9,000,000	(대) 매 출	9,000,000
5/ 1	(차) 건 물	30,000,000	(대) 현 금	10,000,000
			미 지 급 금	20,000,000
6/ 1	(차) 현 금	10,000,000	(대) 매 출	13,000,000
	매 출 채 권	3,000,000		
8/ 1	(차) 현 금	2,000,000	(대) 매 출 채 권	2,000,000

10/ 1	(차) 현 금	10,000,000	(대) 장 기 차 입 금	10,000,000
12/31	(차) 이 자 비 용	150,000	(대) 미 지 급 이 자	150,000
12/31	(차) 급 여	3,000,000	(대) 미 지 급 급 여	3,000,000

❖ 총계정원장(손익계산서 계정) ❖

[1] 수익 계정

매 출

		3/ 1	9,000,000
		6/ 1	13,000,000
		잔 액	22,000,000

[2] 비용 계정

임 차 료

1/ 1	10,000,000		
잔 액	10,000,000		

광고선전비

2/ 1	1,000,000		
잔 액	1,000,000		

이자비용

12/31	150,000		
잔 액	150,000		

급 여

12/31	3,000,000		
잔 액	3,000,000		

❖ 총계정원장(재무상태표 계정) ❖

[3] 자산 계정

현 금

1/ 1	50,000,000	1/ 1	10,000,000
3/ 1	9,000,000	2/ 1	1,000,000
6/ 1	10,000,000	5/ 1	10,000,000
8/ 1	2,000,000		
10/ 1	10,000,000		
잔 액	60,000,000		

건 물

5/ 1	30,000,000		
잔 액	30,000,000		

매출채권

6/ 1	3,000,000	8/ 1	2,000,000
잔 액	1,000,000		

[4] 부채 계정

미지급금

	5/ 1 20,000,000
	잔 액 20,000,000

장기차입금

	10/ 1 10,000,000
	잔 액 10,000,000

미지급이자

	12/31 150,000
	잔 액 150,000

미지급급여

	12/31 3,000,000
	잔 액 3,000,000

[5] 자본 계정

자 본 금

	1/ 1 50,000,000
	잔 액 50,000,000

연습문제 3.2

01 손익계산서의 작성

[1] 수익 계정

매 출

	잔 액 22,000,000

[2] 비용 계정

임 차 료

잔 액 10,000,000	

광고선전비

잔 액 1,000,000	

이자비용

잔 액 150,000	

급 여

잔 액 3,000,000	

손익계산서

제1기 20×1년 1월 1일부터 20×1년 12월 31일까지

㈜강남서비스 (단위: ₩)

과 목	제1기	
매 출 액		22,000,000
판매비와관리비		(14,000,000)
임 차 료	10,000,000	
광 고 선 전 비	1,000,000	
급 여	3,000,000	
영 업 이 익		8,000,000
금 융 비 용		(150,000)
이 자 비 용	150,000	
당 기 순 이 익		7,850,000

☞ 판매비와관리비에 속하는 계정은 임차료, 광고선전비, 급여이다.

☞ 금융비용에 속하는 계정은 이자비용이다.

02 재무상태표의 작성

[3] 자산 계정

현 금	
잔 액 60,000,000	

건 물	
잔 액 30,000,000	

매출채권	
잔 액 1,000,000	

[4] 부채 계정

미지급금	
	잔 액 20,000,000

장기차입금	
	잔 액 10,000,000

미지급이자	
	잔 액 150,000

미지급급여	
	잔 액 3,000,000

[5] 자본 계정

자 본 금	
	잔 액 50,000,000

☞ 유동자산에 속하는 계정은 현금, 매출채권이고, 비유동자산에 속하는 계정은 건물이다.

☞ 유동부채에 속하는 계정은 미지급금, 미지급이자, 미지급급여이고, 비유동부채에 속하는 계정은 장기차입금이다.

☞ 법인세비용과 배당금이 없으므로, 당기순이익은 장부의 마감을 통해서 모두 이익잉여금으로 이전된다.

재무상태표

제1기 20×1년 12월 31일 현재

㈜강남서비스 (단위: ₩)

과 목	제1기
자 산	
유동자산	61,000,000
현 금	60,000,000
매출채권	1,000,000
비유동자산	30,000,000
건 물	30,000,000
자산총계	91,000,000
부 채	
유동부채	23,150,000
미지급금	20,000,000
미지급이자	150,000
미지급급여	3,000,000
비유동부채	10,000,000
장기차입금	10,000,000
부채총계	33,150,000
자 본	
자본금	50,000,000
이익잉여금	7,850,000
자본총계	57,850,000
부채와자본총계	91,000,000

연습문제 3.3

01 결산정리분개

※ 본 문제는 [연습문제 2.3]과 연결된 문제로, 기중분개에 대한 풀이과정은 생략한다.

④ 3월 1일: 은행으로부터 현금 ₩10,000,000을 연 3%의 이자율로 1년 동안 차입하다. 단, 이자는 전액 만기에 원금과 함께 지급하기로 하다.

☞ 3월 1일부터 12월 31일까지 10개월간의 이자비용 ₩250,000(= ₩10,000,000 × 3% × $\frac{10}{12}$)을 인식하는 동시에 미지급이자(부채)를 증가시킨다.

(차) 이자비용	250,000	(대) 미지급이자	250,000

⑧ 11월 1일: 거래처에 현금 ₩10,000,000을 연 6%의 이자율로 1년 동안 대여하다. 단, 이자는 전액 만기에 원금과 함께 수취하기로 하다.

☞ 11월 1일부터 12월 31일까지 2개월간 발생한 이자수익 ₩100,000(= ₩10,000,000 × 6% × $\frac{2}{12}$)을 인식하는 동시에 미수이자(자산)를 증가시킨다.

(차) 미수이자	100,000	(대) 이자수익	100,000

02 총계정원장

날짜	차변	금액	대변	금액
1/1	(차) 현금	60,000,000	(대) 자본금	60,000,000
1/1	(차) 임차료	5,000,000	(대) 현금	5,000,000
2/1	(차) 소모품비	1,000,000	(대) 현금	1,000,000
3/1	(차) 현금	10,000,000	(대) 단기차입금	10,000,000
4/1	(차) 광고선전비	5,000,000	(대) 현금	5,000,000
5/1	(차) 건물	20,000,000	(대) 현금	15,000,000
			미지급금	5,000,000
9/1	(차) 매출채권	20,000,000	(대) 매출	20,000,000
11/1	(차) 단기대여금	10,000,000	(대) 현금	10,000,000
12/31	(차) 급여	2,000,000	(대) 현금	2,000,000
12/31	(차) 이자비용	250,000	(대) 미지급이자	250,000
12/31	(차) 미수이자	100,000	(대) 이자수익	100,000

❖ 총계정원장(손익계산서 계정) ❖

[1] 수익 계정

매 출

차변		대변	
		9/ 1	20,000,000
		잔 액	20,000,000

이자수익

차변		대변	
		12/31	100,000
		잔 액	100,000

[2] 비용 계정

임 차 료

차변		대변	
1/ 1	5,000,000		
잔 액	5,000,000		

소모품비

차변		대변	
2/ 1	1,000,000		
잔 액	1,000,000		

광고선전비

차변		대변	
4/ 1	5,000,000		
잔 액	5,000,000		

급 여

차변		대변	
12/31	2,000,000		
잔 액	2,000,000		

이자비용

차변		대변	
12/31	250,000		
잔 액	250,000		

❖ 총계정원장(재무상태표 계정) ❖

[3] 자산 계정

현 금

차변		대변	
1/ 1	60,000,000	1/ 1	5,000,000
3/ 1	10,000,000	2/ 1	1,000,000
		4/ 1	5,000,000
		5/ 1	15,000,000
		11/ 1	10,000,000
		12/31	2,000,000
잔 액	32,000,000		

건 물

차변		대변	
5/ 1	20,000,000		
잔 액	20,000,000		

매출채권

차변		대변	
9/ 1	20,000,000		
잔 액	20,000,000		

단기대여금

차변		대변	
11/ 1	10,000,000		
잔 액	10,000,000		

미수이자

차변		대변	
12/31	100,000		
잔 액	100,000		

[4] 부채 계정

단기차입금

차변		대변	
		3/ 1	10,000,000
		잔 액	10,000,000

미지급금

차변		대변	
		5/ 1	5,000,000
		잔 액	5,000,000

미지급이자

차변		대변	
		12/31	250,000
		잔 액	250,000

[5] 자본 계정

자 본 금

차변		대변	
		1/ 1	60,000,000
		잔 액	60,000,000

03 손익계산서의 작성

손익계산서

제1기 20×1년 1월 1일부터 20×1년 12월 31일까지

㈜강남서비스 (단위: ₩)

과 목		제1기
매 출 액		20,000,000
판매비와관리비		(13,000,000)
	임 차 료	5,000,000
	소 모 품 비	1,000,000
	광 고 선 전 비	5,000,000
	급 여	2,000,000
영 업 이 익		7,000,000
금 융 수 익		100,000
	이 자 수 익	100,000
금 융 비 용		(250,000)
	이 자 비 용	250,000
당 기 순 이 익		6,850,000

☞ 판매비와관리비에 속하는 계정은 임차료, 소모품비, 광고선전비, 급여이다.

☞ 금융비용에 속하는 계정은 이자비용이다.

중국회계

앞서 본 장에서 중국회계와 관련해 설명한 대로 중국회계기준에 따라 금융수익은 손익계산서 항목으로 나타나지 않고 금융비용에서 직접 금융수익을 차감한 순액으로 나타난다. 또한 금융비용은 영업비용의 범주에 속하므로 '영업이익' 항목 위에 나열되어 있다. 중국회계기준에 따라 작성된 손익계산서는 다음과 같이 표현할 수 있다.

项目	20×1年
一、营业收入(영업수익)	20,000,000
减：销售费用	(5,000,000)
广告宣传费	5,000,000
管理费用	(8,000,000)
低值易耗品	1,000,000
租赁费用	5,000,000
工资	2,000,000
财务费用*	(150,000)
二、营业利润(영업이익)	6,850,000
三、利润总额(세전순이익)	6,850,000
四、净利润(당기순이익)	6,850,000

* 财务费用 = 财务支出 - 财务收入 = 250,000 - 100,000 = 150,000

04 재무상태표의 작성

재무상태표

제1기 20×1년 12월 31일 현재

㈜강남서비스 (단위: ₩)

과 목	제1기
자 산	
유 동 자 산	**62,100,000**
현 금	32,000,000
매 출 채 권	20,000,000
단 기 대 여 금	10,000,000
미 수 이 자	100,000
비 유 동 자 산	**20,000,000**
건 물	20,000,000
자 산 총 계	**82,100,000**
부 채	
유 동 부 채	**15,250,000**
단 기 차 입 금	10,000,000
미 지 급 금	5,000,000
미 지 급 이 자	250,000
부 채 총 계	**15,250,000**
자 본	
자 본 금	60,000,000
이 익 잉 여 금	6,850,000
자 본 총 계	**66,850,000**
부채와자본총계	**82,100,000**

☞ 유동자산에 속하는 계정은 현금, 매출채권, 단기대여금, 미수이자이고, 비유동자산에 속하는 계정은 건물이다.

☞ 유동부채에 속하는 계정은 단기차입금, 미지급금, 미지급이자이다.

☞ 법인세비용과 배당금이 없으므로, 당기순이익은 장부의 마감을 통해서 모두 이익잉여금으로 이전된다.

제4장

유학생을 위한 회계원리 - 한국어버전

유동자산과 유동부채

Accounting principles for international students
Korean version

Ⅰ. 유동자산과 유동부채의 분류

Ⅱ. 매출채권

Ⅲ. 재고자산

I 유동자산과 유동부채의 분류

1 자산과 부채의 분류

자산은 사용기간과 취득목적 또는 유동성 여부에 따라 유동자산과 비유동자산으로 분류하고, 부채는 유동성 여부에 따라 유동부채와 비유동부채로 분류한다. 여기서 유동성이란 자산이 현금으로 전환될 가능성 또는 부채가 상환되어 없어질 가능성을 의미하며, 일반적으로 유동성 여부의 판단은 1년이다. 예를 들어 단기대여금은 1년 이내에 현금으로 회수될 예정이므로 유동자산에 해당되고, 장기대여금은 1년을 초과하여 현금으로 회수될 예정이므로 비유동자산에 해당된다. 또한 단기차입금은 1년 이내에 현금으로 상환될 예정이므로 유동부채에 해당되고, 장기차입금은 1년을 초과하여 현금으로 상환될 예정이므로 비유동부채에 해당된다.

유동성이라는 공통적인 특징을 갖고 있는 유동자산과 유동부채는 4장에서 함께 학습하고, 비유동자산과 비유동부채는 각각 5장과 6장에서 다룬다.

▼ 표 4-1 | 유동성 여부에 따른 자산과 부채의 분류

구 분	유동성 ○	유동성 ×
자 산	유동자산 (단기대여금)	비유동자산 (장기대여금)
부 채	유동부채 (단기차입금)	비유동부채 (장기차입금)
특 징	1년 이내의 단기성	1년 초과의 장기성

2 유동자산과 유동부채의 분류

유동자산current assets은 1년 이내인 단기간 사용하거나 판매를 목적으로 취득하여 보유하는 자산이며, 유동부채current liabilities는 1년 이내에 현금을 상환하거나 서비스를 제공할 예정인 부채이다.

[표 4-2]는 본서에서 다루는 유동자산과 유동부채의 계정과목을 제시하고 있다. 본 장에서는 3장에서 다루지 않은 자산계정인 선급금과 선급비용, 부채계정인 선수금과 선수수익에 대해서 학습하고, 거래가 빈번하고 금액도 큰 매출채권과 재고자산의 회계처리에 대해서도 학습하고자 한다.

▼ 표 4-2 | 유동자산과 유동부채의 분류

유동자산	유동부채
현금및현금성자산	
매출채권	매입채무
미수금, 미수수익	미지급금, 미지급비용
선급금, 선급비용	선수금, 선수수익
단기대여금	단기차입금
재고자산	

3 선급금과 선수금

상품 등 자산에 대한 인수가 이루어지기 전에 매매계약을 확실히 하기 위하여 계약금을 지급하는 경우에 발생하는 채권을 선급금advance payment이라고 하고, 반대로 상품 등 자산에 대한 인도가 이루어지기 전에 계약금을 수취하는 경우에 발생하는 채무를 선수금advance receipt이라 한다. 선급금은 상품 등 자산을 인수할 권리이므로 자산이며, 선수금은 상품 등 자산을 인도할 의무이므로 부채이다.

4 선급비용과 선수수익

예를 들어 7월 1일 가입한 보험기간 1년인 자동차 보험의 보험료 전액을 비용으로 기록한 경우, 결산일인 12월 31일 현재에는 아직 보험서비스를 누려야 할 기간이 6개월 정도 남게 된다. 이처럼 이미 대금을 지급하였으나 결산일 현재 제공받지 못한 서비스가 남아 있는 경우에 이를 선급비용prepaid expense이라 부른다. 반대로 이미 대금을 수취하였으나 결산일 현재 아직 제공하지 않은 서비스가 남아 있는 경우에, 이를 선수수익prepaid income이라 부른다. 선급비용은 남은 기간만큼 서비스를 받을 권리이므로 자산이고, 선수수익은 남은 기간만큼 서비스를 제공할 의무이므로 부채이다.

중국회계

선급금과 선급비용의 의미는 유사하며 거래상대방의 의무가 이루어지기 전에 먼저 대금을 지급하여 형성되는 권리(자산)이다. 차이점은 '재화'를 인수하기 전에 대금을 지급하는 경우(향후에 재화를 인수할 예정임) 선급금을 사용하고 '서비스'를 누리기 전에 대금을 지급하는 경우(향후에 서비스를 받아야 비용으로 인식할 수 있음) 선급비용을 사용한다는 것이다. 중국회계는 선급금과 선급비용을 구분하지 않고 그냥 "선급계정"이라고 한다.

마찬가지로 선수금과 선수수익은 기업이 의무를 완전히 이행하기 전에 상대방으로부터 대금을 먼저 받아 형성되는 부채다. 차이점은 기업이 '재화'를 인도하기 전에 대금을 받는 경우(향후에 재화를 인도할 예정임) 선수금을 사용하고 기업이 '서비스'를 제공하기 전에 대금을 받는 경우 (향후에 서비스를 제공해야 수익으로 인식할 수 있음) 선수수익을 사용한다는 것이다. 중국회계는 선수금과 선수수익을 구분하지 않고 그냥 "선수계정"이라고 한다.

Ⅱ 매출채권

1 매출채권과 대손

매출채권trade receivable은 매출의 외상거래에서 발생한 채권 즉, 상품, 제품 등의 판매와 서비스의 제공 등 일반적인 상거래에서 발생한 채권으로, 채권은 미래에 현금을 회수할 수 있는 권리이기 때문에 자산으로 구분한다.

이러한 외상판매는 현금판매만 하는 경우보다 매출액을 증가시킬 수 있다는 장점과 함께 현금을 회수하지 못할 경우에 손해를 볼 수 있다는 단점도 있다. 즉 외상판매를 하는 기업은 매출의 증가를 위해 현금 회수를 하지 못할 위험을 부담하는 것이다. 만약 외상으로 상품을 구매한 거래처가 파산하거나 지급능력이 부족해지면 판매 기업은 매출채권에 대한 현금의 회수가 불가능하게 되는데 이를 회계에서는 대손bad debts이라고 한다.

2 대손의 회계처리

매출채권은 현금을 회수하지 못할 위험 즉, 대손 가능성을 반영한 회계처리가 필요하다. 이러한 대손은 매출채권뿐만 아니라 미수금과 대여금 등에서도 발생하지만, 본서에서는 가장 비중이 큰 매출채권만 다룬다.

만약 매출채권의 대손이 실제로 확정된 경우에만 매출채권을 감소시키는 방식으로 회계처리를 한다면, 재무상태표에 보고되는 매출채권에는 대손가능성이 반영되지 않는 문제점이 있다. 따라서 매출채권에 대한 회계처리는 대손의 위험성을 추정하고 이를 금액으로 측정하여 기록하는 방법을 사용한다. 구체적으로 ① 1단계: 대손의 추정 ② 2단계: 손실충당금의 설정과 손상차손의 인식 ③ 3단계: 대손의 발생으로 3단계 과정을 거치게 된다. 여기서 1단계 과정은 2단계 과정에 선행되는 과정으로 별도의 회계처리는 없고, 2단계와 3단계만 회계처리를 한다.

1. 대손의 추정

대손의 추정은 매출채권 중에서 대손이 예상되는 금액을 추정하기 위한 과정이다. 대손의 추정방법은 주로 매출채권 비율법percentage-of-receivables approach을 적용하며, 이 방법은 과거의 대손 경험을 이용하여 대손율을 계산하고 매출채권의 기말 현재잔액에 대손율을 곱하여 대손예상액credit loss을 추정하는 방법이다. 자세한 산식은 다음과 같다.

대손예상액 = 매출채권의 기말잔액 × 대손율

예 1

㈜강남서비스는 20×1년에 영업을 시작하였다. 매출채권의 20×1년 기말잔액은 ₩1,000,000이고 대손율은 3%일 때 대손예상액은 얼마인가? 단, 회계기간은 1월 1일부터 12월 31일까지이다.

20×1년의 대손예상액은 매출채권의 기말잔액에 대손율을 곱하여 산출된다.
대손예상액 = 매출채권의 기말잔액 × 대손율
= ₩1,000,000 × 3% = ₩30,000

2. 손실충당금의 설정 및 손상차손의 인식

대손예상액이 확정되면 이 금액을 이용하여 ① 매출채권에 대한 대손의 위험성 즉, 회수불능의 가능성을 반영하고, ② 그 대손 가능성을 당기의 비용으로 인식하는 회계처리를 한다. 구체적으로는 다음과 같다.

① 매출채권에 대한 대손의 위험성을 반영하는 방법은 대손이 예상되는 금액을 매출채권에서 직접 차감하는 대신 손실충당금allowance for accumulated impairment losses 계정[5])을 이용하여 기록한다. 즉 대손예상액은 회수불능이 확정된 금액이 아니므로, 대손이 확정될 때까지는 매출채권을 직접 차감하는 대신 손실충당금을 이용하여 간접적으로 차감한다. 이러한 방법은 매출채권 총액과 대손예상액을 동시에 확인할 수 있다는 장점도 있다. 손실충당금은 매출채권을 차감하는 계정(이하 차감계정)이므로, 손실충당금이 증가(+)하면 자산인 매출채권과 반대로 대변에 기록한다.

② 매출채권의 대손 가능성에 대한 비용인식은 손상차손impairment losses이라는 계정[6])을 이용하여 기록하며, 손상차손이 발생하면 차변에 기록한다.

5) 손실충당금 대신 대손충당금이라고도 한다. 일반기업회계기준과 법인세법에서는 대손충당금의 계정명이 주로 사용된다. 다만, 국제회계기준에서는 금융자산에 대하여 손실충당금의 계정명을 주로 사용하므로 본서에서도 매출채권의 대손에 대한 계정명으로 손실충당금을 사용하였다.

6) 대손가능성에 대한 비용인식과 관련하여 실무적으로는 대손상각비라는 계정명이 사용되는 경우도 많다.

(차) 손상차손 ××× (대) 손실충당금 ×××

예 2

㈜강남서비스는 20×1년에 영업을 시작하였다. 매출채권의 20×1년 기말잔액은 ₩1,000,000이고 20×1년 기말 대손예상액이 ₩30,000인 경우에 손실충당금을 설정하는 회계처리를 하시오.

20×1년 기말 대손예상액 ₩30,000에 대한 손실충당금을 설정하고 그에 대응하는 비용인 손상차손을 인식하는 회계처리는 다음과 같다.

(차) 손상차손	30,000	(대) 손실충당금	30,000

㈜강남서비스의 매출채권의 기말잔액이 ₩1,000,000이고 매출채권의 차감계정(−)이 ₩30,000이므로, 재무상태표의 장부에 표시되는 금액(이하 장부금액)은 ₩970,000이 된다.

구 분	20×1년
매출채권	1,000,000
손실충당금	(30,000)
장부금액	970,000

매출채권에 대한 손실충당금을 처음 설정하는 경우에는 위와 같이 회계처리하면 되지만 매출채권에 대한 손실충당금 설정이 처음이 아닌 경우(즉, 손실충당금의 기초잔액이 존재하는 경우)에는 손실충당금의 설정금액이 대손예상액과 다를 수 있다는 점을 유의해야 한다.

기말의 매출채권 중 과거에 발생한 매출채권에 대한 대손예상액은 이미 과거에 손상차손과 손실충당금으로 반영되었으므로, 당기 손실충당금의 설정금액은 대손예상액과 기말직전 손실충당금 잔액의 차이만큼만 인식해야 한다.

손실충당금 설정액 = 대손예상액 − 손실충당금 잔액(기말직전)

예 3

㈜강남서비스는 20×1년에 영업을 시작하였다. 20×2년 기말 대손예상액이 ₩50,000이고 손실충당금 잔액이 ₩30,000인 경우에 손실충당금을 설정하는 회계처리를 하시오.

손실충당금 설정금액 = 대손예상액 - 손실충당금 잔액(기말직전)
= ₩50,000 - ₩30,000 = ₩20,000

20×2년에 추가로 설정해야 할 손실충당금은 ₩20,000이며, 그 금액만큼 손상차손을 인식하는 회계처리는 다음과 같다.

(차) 손 상 차 손	20,000	(대) 손 실 충 당 금	20,000

3. 대손의 발생

대손을 예상하여 손실충당금을 설정한 이후에 실제로 대손이 발생하면 매출채권과 손실충당금을 감소시킨다. 즉 대손이 발생될 때 매출채권의 감소를 비용(손상차손)으로 인식하는 것이 아니라 손실충당금을 감소시키는 회계처리를 한다. 그 이유는 대손이 발생하기 전에 대손예상액을 비용(손상차손)으로 인식하며 손실충당금에 반영했기 때문이다.

예 4

㈜강남서비스는 20×1년에 영업을 시작하였다. 20×1년 기말 대손충당금이 ₩30,000이고 20×2년 중에 실제 대손 발생액이 ₩10,000인 경우의 회계처리를 한다.

20×2년 중에 실제 대손 발생액이 ₩10,000이므로, 그 금액만큼 손실충당금과 매출채권을 감소시켜야 한다.

(차) 손 실 충 당 금	10,000	(대) 매 출 채 권	10,000

지금까지 학습한 대손에 대한 회계처리를 요약하면 [표 4-3]과 같다.

▼ 표 4-3 ㅣ 대손의 회계처리

구 분	내용	회계처리
대손의 추정	대손예상액 = 매출채권의 기말잔액 × 대손율	회계처리 없음
손실충당금 설정	손실충당금 설정액 = 대손예상액 - 손실충당금 잔액	(차) 손 상 차 손 ××× (대) 손실충당금 ×××
대손의 발생		(차) 손실충당금 ××× (대) 매 출 채 권 ×××

예제 4.1 대손의 회계처리

20×1년 1월 1일에 영업을 시작한 ㈜강남컨설팅은 회계자문 서비스를 제공하는 회사이고, 다음은 관련 거래들이다. 단, 이외의 거래는 없다고 가정한다.

① 20×1. 2. 1.: ㈜강남컨설팅은 거래처인 ㈜성실에 회계자문을 제공하고, ₩5,000,000의 대가를 나중에 받기로 하다.
② 20×1.12.31.: 매출채권 잔액의 2%를 대손으로 추정하다.
③ 20×2. 2. 1.: ㈜강남컨설팅은 거래처인 ㈜성실에 회계자문을 제공하고, ₩5,000,000의 대가를 나중에 받기로 하다.
④ 20×2. 6. 1.: 매출채권 ₩50,000을 회수할 수 없게 되다.
⑤ 20×2.12.31.: 매출채권 잔액의 4%를 대손으로 추정하다.

【물 음】 ㈜강남컨설팅의 거래를 분개하시오.

풀이

① 20×1. 2. 1.: ㈜강남컨설팅은 거래처인 ㈜성실에 회계자문을 제공하고, ₩5,000,000의 대가를 나중에 받기로 하다.

(차) 매출채권	5,000,000	(대) 매출	5,000,000

② 20×1.12.31.: 매출채권 잔액의 2%를 대손으로 추정하다.

(차) 손상차손	100,000	(대) 손실충당금	100,000

☞ 대손예상액 = 매출채권의 기말잔액 × 대손율 = ₩5,000,000 × 2% = ₩100,000
☞ 20×1년 12월 31일 손실충당금 설정액 = 대손예상액 - 손실충당금 잔액 = ₩100,000 - ₩0 = ₩100,000
☞ 20×1년 1월 1일에 영업을 시작하였기 때문에 손실충당금 기초잔액은 ₩0이다.

매출채권(20×1.12.31)

차변		대변
2/ 1	5,000,000	
잔 액	5,000,000	

손실충당금(20×1.12.31)

차변	대변	
	12/31	100,000
	잔 액	100,000

☞ 20×1년 12월 31일의 매출채권 잔액 ₩5,000,000과 손실충당금 잔액 ₩100,000은 마감분개를 통해서 20×2년 1월 1일의 잔액으로 이월된다.

구 분	20×1년
매출채권	5,000,000
손실충당금	(100,000)
장부금액	4,900,000

☞ 20×1년 12월 31일의 매출채권 잔액 ₩5,000,000에서 손실충당금 잔액 ₩100,000을 차감하면, 재무상태표에 표시되는 매출채권의 장부금액은 ₩4,900,000이다.

③ 20×2. 2. 1.: ㈜강남컨설팅은 거래처인 ㈜성실에 회계자문을 제공하고, ₩5,000,000의 대가를 나중에 받기로 하다.

(차) 매 출 채 권	5,000,000	(대) 매 출	5,000,000

④ 20×2. 6. 1.: 매출채권 ₩50,000을 회수할 수 없게 되다.

(차) 손 실 충 당 금	50,000	(대) 매 출 채 권	50,000

☞ 실제 대손 발생액이 ₩50,000이므로 해당금액만큼 손실충당금과 매출채권을 감소시킨다.

매출채권(20×2. 6. 1)

기초	5,000,000	6/ 1	50,000
2/ 1	5,000,000		
잔 액	9,950,000		

손실충당금(20×2. 6. 1)

6/ 1	50,000	기초	100,000
		잔 액	50,000

☞ 20×1년 12월 31일의 매출채권 잔액 ₩5,000,000과 손실충당금 잔액 ₩100,000이 20×2년 1월 1일로 이월되고, 20×2년의 ③, ④번 분개를 전기한 것이다.

☞ 20×2년 6월 1일의 매출채권 잔액 ₩9,950,000과 손실충당금 잔액 ₩50,000을 이용하여 ⑤번 거래를 분개할 수 있다.

⑤ 20×2. 12. 31.: 매출채권 잔액의 4%를 대손으로 추정하다.

(차) 손 상 차 손	348,000	(대) 손 실 충 당 금	348,0000

☞ 대손예상액 = 매출채권 기말잔액 × 대손율 = ₩9,950,000 × 4% = ₩398,000

☞ 20×2년 12월 31일 손실충당금 설정액 = 대손예상액 - 손실충당금 잔액 = ₩398,000 - ₩50,000 = ₩348,000

매출채권(20×2.12.31)

기초	5,000,000	6/ 1	50,000
2/ 1	5,000,000		
잔 액	9,950,000		

손실충당금(20×2.12.31)

6/ 1	50,000	기초	100,000
		12/31	348,000
		잔 액	398,000

☞ 대손예상액 ₩398,000은 손실충당금 기말잔액과 동일하며, 추가로 설정해야 할 손실충당금은 ₩348,000이다.

구 분	20×2년
매 출 채 권	9,950,000
손 실 충 당 금	(398,000)
장 부 금 액	9,552,000

☞ 20×2년 12월 31일의 매출채권 잔액 ₩9,950,000에서 손실충당금 잔액 ₩398,000을 차감하면, 재무상태표에 표시되는 매출채권의 장부금액은 ₩9,552,000이다.

III 재고자산

1 재고자산의 의의

1. 재고자산의 개념 및 분류

기업이 판매할 목적으로 취득하였지만 회계기간 말까지 판매하지 못하여 보유하고 있는 자산을 재고자산inventories이라고 한다. 재고자산은 단기간 내에 판매될 것으로 기대되기 때문에 유동자산으로 분류하여 보고하며 기업의 특성에 따라 상품 또는 제품 등으로 구분하여 표시한다.

기업 외부에서 완성된 제품을 구입하여 판매하는 상기업의 경우 재고자산에 해당되는 자산은 상품merchandise이라 하며, 기업 내부에서 직접 생산한 재화를 판매하는 제조기업의 경우에는 제품finished goods이 재고자산에 해당된다. 제조기업의 재고자산에 대한 회계처리는 제품의 생산원가에 대한 학습이 선행되어야 하므로, 『본 교재에서 다루는 재고자산은 상기업의 상품을 대상으로 한다.』

2. 상품의 취득원가와 매입채무

상기업이 고객에게 상품을 판매하기 위해서는 외부의 공급자로부터 상품을 매입하는 활동과 함께 판매를 위해 필요한 추가적 활동도 수행해야 한다. 예를 들어 매입한 상품을 고객이 구매할 수 있는 장소로 이동시키는 활동도 상품의 판매를 위해서 반드시 필요하다. 이처럼 상품을 판매 가능한 상태로 만드는 과정을 취득aquisition이라고 하며, 상품의 매입가격과 판매 가능한 상태로 만드는 과정에서 발생하는 취득부대원가의 합을 상품의 취득원가acquisition costs라고 한다. 따라서 상품의 취득원가는 매입가격purchase price과 취득과정에서 지급한 취득부대원가인 수입관세 등의 세금, 운송비, 보험료 등으로 구성된다.

> 상품의 취득원가 = 매입가격 + 취득부대원가
> = 매입가격 + [수입관세 등의 세금 + 운송비 + 보험료 등]

또한 공급자로부터 상품을 현금으로 매입하는 대신에 외상으로 매입할 때, 미래에 공급자에게 지급할 의무를 매입채무trade payable라고 한다. 매입채무는 매출채권에 대응되는 개념으로, 일반적으로 1년 이내에 지급하므로 유동부채로 분류한다.

2 상기업의 손익계산서

3장에서는 서비스기업의 손익계산서에 대해 학습하였는데, 본장에서는 상기업의 손익계산서에 대해서 다루고자 한다. 상기업은 재고자산인 상품이 존재하기 때문에, [표 4-4]처럼 손익계산서에 매출원가와 매출총이익(손실)이 포함한다.

▼ 표 4-4 | 상기업과 서비스기업의 손익계산서 차이

상기업의 손익계산서

과 목	제1기
매 출 액	×××
매 출 원 가	(×××)
매출총이익(손실)	×××
판매비와관리비	(×××)
영 업 이 익(손실)	×××
⋮	⋮
당기순이익(손실)	×××

서비스기업의 손익계산서

과 목	제1기
매 출 액	×××
판매비와관리비	(×××)
영 업 이 익(손실)	×××
⋮	⋮
당기순이익(손실)	×××

1. 매출원가와 재고자산(상품)

상기업이 상품을 고객에게 판매한 경우 판매한 상품의 취득원가를 매출원가cost of goods sold로 기록한다. 매출원가는 '매출된 상품의 취득원가'라는 의미이며 매출활동과 직접적으로 관련된 비용이므로 손익계산서에 매출액 다음으로 표시된다. 반면에 매입한 상품 중에서 '기말에 매출되지 않고 남은 상품의 취득원가'는 재무상태표에 재고자산inventories으로 보고한다. 재고자산은 상품보다 큰 개념이므로, 일반적으로 분개를 할 때는 '제품'과 구분하기 위해서 '상품'으로 표시하고 재무상태표에는 '재고자산'으로 보고한다.

2. 매출원가와 매출총이익(손실)

상기업은 매입한 상품을 고객에 판매하여 이익을 창출하는 기업이므로, 상기업의 이익은 매출액에서 매출원가를 차감하여 산출한다. 그 차감 후 금액이 양(+)이면 매출총이익gross profit으로 표시하고 음(-)이면 매출총손실로 표시한다.

3 매출원가와 재고자산의 산출

1. 매출원가와 재고자산의 관계

기업의 상품은 기초에 보유하고 있었던 상품과 당기 중 매입한 상품으로 구분할 수 있으며 이들의 합을 당기판매가능상품이라 한다. 당기판매가능상품의 취득원가 중 매출된 상품의 취득원가는 비용인 매출원가로 보고하고, 기말에 매출되지 않고 남은 상품의 취득원가는 자산인 재고자산(상품)으로 보고한다. 따라서 당기판매가능상품의 취득원가는 매출원가 또는 재고자산(상품)으로 배부되므로, '기초 재고자산 취득원가 + 당기 매입 재고자산 취득원가 = 매출원가 + 재고자산'과 같은 재고자산 등식으로 나타낼 수 있다.

당기판매가능상품 취득원가 = 매출원가 + 재고자산

당기판매가능상품 취득원가	매출원가
= 기초 재고자산(상품) 취득원가 + 당기 매입 재고자산(상품) 취득원가	= 매출된 상품의 취득원가
	재고자산 = 기말에 매출되지 않고 남은 상품의 취득원가

위의 등식은 항상 성립하므로, 매출원가 또는 재고자산은 각각 당기판매가능상품의 취득원가에서 재고자산 또는 매출원가를 차감하여 산출할 수 있다. 여기서 당기판매가능상품의 취득원가는 전기에 매출되지 않고 남은 상품인 기초 재고자산(상품)과 당기에 매입한 상품의 취득원가를 합산한 것이다.

매출원가 = 당기판매가능상품 취득원가 - 기말 재고자산(상품)
기말 재고자산(상품) = 당기판매가능상품 취득원가 - 매출원가

중국회계

중국회계 교과서에서 "재고자산 등식"은 다음과 같이 표현된다. 일부 학생에게는 이 등식이 더 쉽게 받아들여질 수 있다.

기초 재고자산 잔액 + 당기 재고자산 증가(구입) - 당기 재고자산 감소(판매)* = 기말 재고자산 잔액
* 당기 재고자산 감소 = 매출원가

Hint: 등식 중에 항목 세 개를 안다면 다른 항목을 역산할 수 있다.

따라서 매매활동에 대한 회계처리에는 두 가지 방법이 존재한다. ① 매출원가를 먼저 측정한 후에, 기말 재고자산 금액은 위 등식을 이용하여 구하는 방법인 계속기록법perpetual inventory system과 ② 기말 재고자산 금액을 먼저 측정한 후에, 매출원가는 위 등식을 이용하여 구하는 방법인 실지재고조사법(실사법)physical inventory system이다.

두 가지 방법 모두 각각 장점과 단점이 존재하므로, 어느 방법이 더 나은 방법이라고 할 수 없다. 『다만 본 교재에서는 매출할 때마다 매출원가를 산출할 수 있는 계속기록법만 다루고자 한다.』

2. 계속기록법을 통한 회계처리

계속기록법은 상품을 매입할 때와 상품을 매출할 때 모두 상품으로 기록하는 방법이다. 이 방법은 상품이 매매될 때마다 증가금액과 감소금액을 기록하므로, 현재까지 매출된 상품의 매출원가와 현재까지 매출되지 않고 남은 기말의 재고자산(상품) 금액을 항상 파악할 수 있다는 장점이 있다. 반면에 상품의 매입과 매출이 발생할 때마다 기록하므로, 회계처리에 시간과 노력이 많이 투입된다는 단점이 있다. 계속기록법의 회계처리는 다음과 같다.

(1) 매입시 분개

상품을 매입하는 경우에는 아래와 같이 '매입한 상품의 취득원가'를 상품 계정의 차변에 기록한다.

차변		대변	
(차) 상 품	×××[1]	(대) 현 금[2]	×××

(1) 매입한 상품의 취득원가
(2) 외상거래인 경우 현금 대신 매입채무

(2) 매출시 분개

상품을 매출하는 경우에는 첫째, 매출 계정의 대변에는 매출액을 기록한다. 둘째, 매출원가 계정의 차변과 상품 계정 대변에는 '판매된 상품의 취득원가'를 각각 기록함으로써, 매출수익에 대응되는 매출원가를 인식함과 동시에 판매된 상품의 감소를 반영한다.

차변		대변	
(차) 현 금[2]	×××	(대) 매 출	×××
매 출 원 가	×××[1]	상 품	×××[1]

(1) 판매된 상품의 취득원가
(2) 외상거래인 경우 현금 대신 매출채권

3. 이동평균법을 통한 단가의 결정

(1) 원가흐름의 가정

상기업의 경우 동일한 상품을 동일한 공급자로부터 매입하는 경우에도 물가상승 등의 이유로 매입할 때마다 취득원가가 다를 수 있다. 이처럼 상품의 취득원가가 상품을 매입할 때마다 달라지면, 매출시 어떤 상품의 취득원가를 선택하느냐에 따라 매출원가와 재고자산 금액이 달라지는 문제가 발생한다.

이러한 문제점을 해소하기 위해 회계기준에서는 상품의 실제 흐름과는 다를 수는 있지만, 상품의 매입과 매출의 순서에 체계적인 가정을 도입하고 이를 일관되게 적용하는 방법을 제시하고 있다. 이를 원가흐름의 가정cost flow assumption이라고 하며, 회계기준에서 인정되는 원가흐름의 가정에는 선입선출법과 평균법이 있다.

① 선입선출법first-in first-out method: FIFO은 먼저 매입된 상품이 먼저 매출된다고 가정하는 방법이고, ② 평균법average cost method은 여러 시점에 매입한 상품이 평균적으로 판매된다고 가정하는 방법이다. 그러나 대부분의 기업들이 선입선출법보다 평균법을 적용하므로 『본 교재에서는 평균법만 다루고자 한다.』

(2) 이동평균법

계속기록법에서 적용하는 평균법을 이동평균법moving average cost method이라고 한다.7) 계속기록법에서는 매출이 발생할 때마다 매출원가를 기록해야 하고, 매출원가를 기록하기 위해서는 매출시마다 상품의 취득단가(= 1개당 취득원가)를 새롭게 측정해야 한다. 즉 이동평균법에서는 매출시점에 보유하고 있는 상품의 취득원가를 수량으로 나누어서 구한 취득단가에 판매수량을 곱하여 매출원가를 계산한다. 그리고 상품의 재고자산 금액은 취득원가에서 매출원가를 차감하여 산출한다.

> 취득단가 = 매출시점에 보유하고 있는 상품의 취득원가/수량
> 매출원가 = 취득단가 × 판매수량

> Tip
>
> 상품의 개당 취득단가는 기중 매입시점에만 변경될 수 있다. 매출시점에는 그 시점까지 보유하고 있던 상품을 판매하는 것이므로 취득단가의 변경이 발생하지 않는다.

7) 실지재고조사법(실사법)에서 평균법을 적용하는 경우 총평균법이라고 한다.

예제 4.2 재고자산의 회계처리

상기업인 ㈜강남상사는 20×1년 동안 다음과 같은 상품 매매거래를 현금으로 하였다.

일 자	구 분	수 량	개당 매입가격	개당 판매가격	금 액
1월 1일	기초재고자산	100개	₩10,000		₩1,000,000
5월 1일	매 입	400	15,000		6,000,000
8월 1일	매 출	300		20,000	6,000,000
9월 1일	매 입	100	20,000		2,000,000

【물 음】 재고자산(상품)에 대해 이동평균법을 적용하여 회계처리하고, 매출원가와 기말 재고자산(상품) 금액을 계산하시오.

풀이

① 매입(5월 1일)

(차)	상 품	6,000,000	(대)	현 금	6,000,000

② 매출(8월 1일)

(차)	현 금	6,000,000	(대)	매 출	6,000,000
	매 출 원 가	4,200,000		상 품	4,200,000

☞ 취득단가: 8/ 1 현재 보유하고 있는 상품의 취득원가÷8/ 1 상품의 수량

$$= \frac{100개 \times ₩10,000 + 400개 \times ₩15,000}{100개 + 400개} = ₩14,000$$

☞ 매출원가 = 취득단가 ₩14,000 × 판매수량 300개 = ₩4,200,000

③ 매입(9월 1일)

(차)	상 품	2,000,000	(대)	현 금	2,000,000

④ 기말 재고자산(상품)은 상품 계정에서 확인할 수 있다.

매출원가

차변		대변	
8/ 1	4,200,000		
잔 액	4,200,000		

상 품

차변		대변	
기초	1,000,000	8/ 1	4,200,000
5/ 1	6,000,000		
9/ 1	2,000,000		
잔 액	4,800,000		

∴ 매출원가 = ₩4,200,000, 기말 재고자산(상품) = ₩4,800,000

연 / 습 / 문 / 제

4.1 대손 회계처리 1

20×1년 1월 1일에 영업을 시작한 ㈜강남컨설팅은 회계자문 서비스를 제공하는 회사이고, 다음은 관련 거래이다. ㈜강남컨설팅의 거래를 분개하시오. 단, 이외의 거래는 없다고 가정한다.

① 20×1. 2. 1.: ㈜강남컨설팅은 거래처인 ㈜성실에 회계자문을 제공하고, ₩6,000,000의 대가를 나중에 받기로 하다.
② 20×1.12.31.: 매출채권 잔액의 5%를 대손으로 추정하다.
③ 20×2. 2. 1.: ㈜강남컨설팅은 거래처인 ㈜성실에 회계자문을 제공하고, ₩9,000,000의 대가를 나중에 받기로 하다.
④ 20×2. 6. 1.: 매출채권 ₩200,000을 회수할 수 없게 되다.
⑤ 20×2.12.31.: 매출채권 잔액의 5%를 대손으로 추정하다.

4.2 대손 회계처리 2

회계전문 컨설팅 업체인 ㈜강남컨설팅의 20×1년 말 매출채권 잔액은 ₩10,000,000이고 매출채권에 대한 손실충당금 잔액은 ₩150,000이며, 20×2년 동안 발생한 거래는 다음과 같다. ㈜강남컨설팅의 거래를 분개하시오. 단, 이외의 거래는 없다고 가정한다.

① 20×2. 8. 1.: ㈜강남컨설팅은 거래처인 ㈜성실에 회계자문 서비스를 제공하고, ₩2,000,000의 대가를 나중에 받기로 하다.
② 20×2. 10. 1.: 매출채권 ₩100,000을 회수할 수 없게 되다.
③ 20×2. 12. 31.: 매출채권 잔액의 4%를 대손으로 추정하다.

4.3 재고자산 회계처리 1

상기업인 ㈜강남상사는 20×1년 동안 다음과 같은 상품 매매거래를 현금으로 하였다. 재고자산(상품)에 대해 이동평균법을 적용하여 회계처리하고, 매출원가와 기말 재고자산(상품) 금액을 계산하시오.

일 자	구 분	수 량	개당 매입가격	개당 판매가격	금 액
1월 1일	기초재고자산	100개	₩15,000		₩1,500,000
5월 1일	매입	300	15,000		4,500,000
8월 1일	매출	300		30,000	9,000,000
9월 1일	매입	200	20,000		4,000,000

4.4 재고자산 회계처리 2

상기업인 ㈜강남상사는 20×1년 동안 다음과 같은 상품 매매거래를 외상으로 하였다. 재고자산(상품)에 대해 이동평균법을 적용하여 회계처리하고, 매출원가와 기말 재고자산(상품) 금액을 계산하시오.

일 자	구 분	수 량	개당 매입가격	개당 판매가격	금 액
1월 1일	기 초 재 고 자 산	200개	₩10,000		₩2,000,000
5월 1일	매 입	300	20,000		6,000,000
8월 1일	매 출	300		20,000	6,000,000
9월 1일	매 입	100	20,000		2,000,000

연/습/문/제/해/설

연습문제 4.1

① 20×1. 2. 1.: ㈜강남컨설팅은 거래처인 ㈜성실에 회계자문을 제공하고, ₩6,000,000의 대가를 나중에 받기로 하다.

(차) 매 출 채 권	6,000,000	(대) 매 출	6,000,000

② 20×1.12.31.: 매출채권 잔액의 5%를 대손으로 추정하다.

(차) 손 상 차 손	300,000	(대) 손 실 충 당 금	300,000

☞ 대손예상액 = 매출채권의 기말잔액 × 대손율 = ₩6,000,000 × 5% = ₩300,000

☞ 20×1년 12월 31일 손실충당금 설정액 = 대손예상액 - 손실충당금 잔액 = ₩300,000 - ₩0 = ₩300,000

☞ 20×1년 1월 1일에 영업을 시작하였기 때문에 손실충당금 잔액은 ₩0이다.

매출채권(20×1.12.31)

차변		대변	
2/ 1	6,000,000		
잔 액	6,000,000		

손실충당금(20×1.12.31)

차변		대변	
		12/31	300,000
		잔 액	300,000

☞ 20×1년 12월 31일의 매출채권 잔액 ₩6,000,000과 손실충당금 잔액 ₩300,000은 마감분개를 통해서 20×2년 1월 1일의 잔액으로 이월된다.

③ 20×2. 2. 1.: ㈜강남컨설팅은 거래처인 ㈜성실에 회계자문을 제공하고, ₩9,000,000의 대가를 나중에 받기로 하다.

(차) 매 출 채 권	9,000,000	(대) 매 출	9,000,000

④ 20×2. 6. 1.: 매출채권 ₩200,000을 회수할 수 없게 되다.

(차) 손 실 충 당 금	200,000	(대) 매 출 채 권	200,000

☞ 실제 대손 발생액이 ₩200,000이므로 해당금액만큼 손실충당금과 매출채권을 감소시킨다.

매출채권(20×2. 6. 1)

차변		대변	
1/ 1	6,000,000	6/ 1	200,000
2/ 1	9,000,000		
잔 액	14,800,000		

손실충당금(20×2. 6. 1)

차변		대변	
6/ 1	200,000	1/ 1	300,000
		잔 액	100,000

☞ 20×1년 12월 31일의 매출채권 잔액 ₩6,000,000과 손실충당금 잔액 ₩300,000이 20×2년 1월 1일로 이월되고, 20×2년의 ③, ④번 분개를 전기한 것이다.

☞ 20×2년 6월 1일의 매출채권 잔액 ₩14,800,000과 손실충당금 잔액 ₩100,000을 이용하여 ⑤번 거래를 분개할 수 있다.

⑤ 20×2. 12. 31.: 매출채권 잔액의 5%를 대손으로 추정하다.

(차) 손 상 차 손	640,000	(대) 손 실 충 당 금	640,0000

☞ 대손예상액 = 매출채권 기말잔액 × 대손율 = ₩14,800,000 × 5% = ₩740,000

☞ 20×2년 12월 31일 손실충당금 설정액 = 대손예상액 - 손실충당금 잔액 = ₩740,000 - ₩100,000 = ₩640,000

매출채권(20×2.12.31)

차변		대변	
1/ 1	6,000,000	4/ 5	200,000
2/ 1	9,000,000		
잔 액	14,800,000		

손실충당금(20×2.12.31)

차변		대변	
6/ 1	200,000	1/ 1	300,000
		12/31	640,000
		잔 액	740,000

☞ 대손예상액 ₩740,000은 손실충당금 기말잔액과 동일하며, 추가로 설정해야 할 손실충당금은 ₩640,000이다.

연습문제 4.2

① 20×2. 8. 1.: ㈜강남컨설팅은 거래처인 ㈜성실에 회계자문 서비스를 제공하고, ₩2,000,000의 대가를 나중에 받기로 하다.

(차) 매 출 채 권	2,000,000	(대) 매 출	2,000,000

② 20×2. 10. 1.: 매출채권 ₩100,000을 회수할 수 없게 되다.

(차) 손 실 충 당 금	100,000	(대) 매 출 채 권	100,000

☞ 실제 대손 발생액이 ₩100,000이므로 해당금액만큼 손실충당금과 매출채권을 감소시킨다.

매출채권(20×2.10.1)

차변		대변	
1/ 1	10,000,000	10/ 1	100,000
8/ 1	2,000,000		
잔 액	11,900,000		

손실충당금(20×2.10.1)

차변		대변	
10/ 1	100,000	1/ 1	150,000
		잔 액	50,000

☞ 20×1년 12월 31일의 매출채권 잔액 ₩10,000,000과 손실충당금 잔액 ₩150,000이 20×2년 1월 1일로 이월되고, 20×2년의 ①, ②번 분개를 전기한 것이다.

☞ 20×2년 10월 1일의 매출채권 잔액 ₩11,900,000과 손실충당금 잔액 ₩50,000을 이용하여 ③번 거래를 분개할 수 있다.

③ 20×2. 12. 31.: 매출채권 잔액의 4%를 대손으로 추정하다.

(차) 손 상 차 손	426,000	(대) 손 실 충 당 금	426,0000

☞ 대손예상액 = 매출채권 기말잔액 × 대손율 = ₩11,900,000 × 4% = ₩476,000

☞ 20×2년 12월 31일 손실충당금 설정액 = 대손예상액 - 손실충당금 잔액 = ₩476,000 - ₩50,000 = ₩426,000

매출채권(20×2.12.31)

차변		대변	
1/ 1	10,000,000	10/ 1	100,000
8/ 1	2,000,000		
잔 액	11,900,000		

손실충당금(20×2.12.31)

차변		대변	
10/ 1	100,000	1/ 1	150,000
		12/31	426,000
		잔 액	476,000

☞ 대손예상액 ₩476,000은 손실충당금 기말잔액과 동일하며, 추가로 설정해야 할 손실충당금은 ₩426,000이다.

연습문제 4.3

① 매입(5월 1일)

(차) 상 품	4,500,000	(대) 현 금	4,500,000

② 매출(8월 1일)

(차) 현 금	9,000,000	(대) 매 출	9,000,000
매 출 원 가	4,500,000	상 품	4,500,000

☞ 취득단가: 8/ 1 현재 보유하고 있는 상품의 취득원가÷8/ 1 상품의 수량

$$= \frac{100개 \times ₩15,000 + 300개 \times ₩15,000}{100개 + 300개} = ₩15,000$$

☞ 매출원가 = 취득단가 ₩15,000 × 판매수량 300개 = ₩4,500,000

③ 매입(9월 1일)

(차) 상 품	4,000,000	(대) 현 금	4,000,000

④ 기말 재고자산(상품)은 상품 계정에서 확인할 수 있다.

매출원가

차변		대변
8/ 1	4,500,000	
잔액	4,500,000	

상 품

차변		대변	
1/ 1	1,500,000	8/ 1	4,500,000
5/ 1	4,500,000		
9/ 1	4,000,000		
잔액	5,500,000		

∴ 매출원가 = ₩4,500,000, 기말 재고자산(상품) = ₩5,500,000

연습문제 4.4

① 매입(5월 1일)

(차) 상 품	6,000,000	(대) 매 입 채 무	6,000,000

② 매출(8월 1일)

(차) 매 출 채 권	6,000,000	(대) 매 출	6,000,000
매 출 원 가	4,800,000	상 품	4,800,000

☞ 취득단가: 8/ 1 현재 보유하고 있는 상품의 취득원가÷8/ 1 상품의 수량

$$= \frac{200개 \times ₩10,000 + 300개 \times ₩20,000}{200개 + 300개} = ₩16,000$$

☞ 매출원가 = 취득단가 ₩16,000 × 판매수량 300개 = ₩4,800,000

③ 매입(9월 1일)

(차) 상　　　품	2,000,000	(대) 매 입 채 무	2,000,000

④ 기말 재고자산(상품)은 상품 계정에서 확인할 수 있다.

매출원가

차변		대변	
8/ 1	4,800,000		
잔액	4,800,000		

상　품

차변		대변	
1/ 1	2,000,000	8/ 1	4,800,000
5/ 1	6,000,000		
9/ 1	2,000,000		
잔액	5,200,000		

∴ 매출원가 = ₩4,800,000, 기말 재고자산(상품) = ₩5,200,000

제5장

비유동자산

I 비유동자산과 유형자산

1 비유동자산과 유형자산의 의의

3장과 4장에서 학습한 것처럼 자산은 사용기간과 취득목적에 따라 유동자산과 비유동자산non-current assets으로 분류한다. 또한 유동자산은 1년 이내인 단기간 사용하거나 판매를 목적으로 취득하는 자산이지만, 비유동자산은 1년 초과인 장기간 사용 또는 보유할 목적으로 취득하는 자산이다.

비유동자산에는 다양한 자산들이 해당되지만 대표적인 비유동자산에는 유형자산과 무형자산이 있다. ① 유형자산tangible assets은 물리적 실체가 있는 자산으로서 장기간에 걸쳐 정상적인 영업활동에 사용할 목적으로 취득한 자산이고, ② 무형자산intangible assets은 물리적 실체가 없는 자산으로서 장기간에 걸쳐 정상적인 영업활동에 사용할 목적으로 취득한 자산이다.

유형자산의 특징은 ① 취득목적이 기업의 영업활동에 직접 사용하기 위한 물리적 실체가 있는 자산이다. 따라서 물리적 실체가 있더라도 영업활동이 아닌, 판매 또는 투자를 목적으로 보유하는 자산은 유형자산으로 구분될 수 없다.

또한 ② 장기간 사용되는 특성으로, 자산의 사용에 대한 비용을 인식하기 위해 감가상각depreciation이라는 방법을 사용한다. 4장에서 학습하였듯이, 상품은 단기간 내에 판매되어 상품의 취득원가가 비용인 매출원가로 전환하지만, 유형자산은 단기간 내에 유출되지 않기 때문에 취득원가 중 얼마의 금액이 당기 중에 비용으로 전환되는지를 파악하기 어렵다. 따라서 유형자산에 대해서는 감가상각이라고 하는 합리적이고 체계적인 원가배분 방법을 사용하여 유형자산의 사용과 관련된 비용인 감가상각비depreciation cost를 인식한다. 『감가상각비는 2절에서 자세히 다룰 것이다.』

2 유형자산의 종류와 취득원가

1. 유형자산의 종류

형태와 용도에 따라 분류한 유형자산의 예시는 다음과 같다.[8]

8) 기업은 실무적으로 금액의 중요성에 따라 유형자산 여부를 판단한다. 예를 들어 수명이 1년을 초과하더라도 해당 자산의 금액적 가치가 기업의 총자산에 비해 너무 작으면 유형자산으로 인식하지 않고 취득원가를 당기비용으로 처리할 수도 있다.

① 토지

토지lands는 대지, 임야 등을 의미하며, 감가상각을 하지 않는 자산이다.

② 건물

건물buildings은 건물과 부속설비를 의미한다.

③ 구축물

구축물structures은 건물과는 별개로 설치된 구조물로서 인테리어, 담장, 교량 등을 의미한다.

④ 기계장치

기계장치machinery는 기계장치와 부속설비를 의미한다.

⑤ 건설중인자산

건설중인자산construction in progress은 건설 중인 상태의 유형자산으로 토지와 함께 감가상각을 하지 않는 자산이다.

⑥ 기타의 유형자산

차량운반구(철도차량 및 자동차), 선박, 항공기, 비품furniture and fixtures 등도 유형자산이다.

중국회계

중국기업회계에서 '토지'는 유형자산으로 처리하지 않으며 토지 상 건물에 대한 건설 단계 ('건설 전', '건설 중' 및 '건설 후)에 따라 회계처리를 해야 한다. 자세한 내용은 3장의 해당 중국회계에서 설명하였다.

2. 유형자산의 취득원가

4장에서 재고자산인 상품의 취득은 상품을 판매 가능한 상태로 만드는 과정이라고 학습하였다. 유형자산도 이와 유사한데, 유형자산의 취득은 '유형자산을 사용 가능한 상태로 만드는 과정'을 의미한다. 따라서 유형자산의 취득원가도 매입가격에 취득부대원가를 합산하여 산출하며, 다만 후속원가를 추가한다. 여기서 유형자산의 취득부대원가는 취득세, 유형자산을 사용할 수 있는 장소로 옮기기 위해 지출한 운송비, 사용할 수 있는 상태로 설치하는 과정에서 발생하는 설치비 등이다.

유형자산의 취득원가 = 매입가격 + 취득부대원가 + 후속원가
= 매입가격 + [취득세 + 운송비 + 설치비 등] + 후속원가

유형자산은 상품과 달리 장기간 사용하는 자산이므로, 사용기간 중에 추가적인 지출이 발생할 수 있다. 추가적인 지출이란 고장 난 유형자산의 수리를 위한 지출이나 주요 부품의 교체를 위한 지출 등으로, 이처럼 유형자산을 사용하기 시작한 이후에 발생하는 원가를 후속원가라고 정의한다. 다만 후속원가를 모두 유형자산의 취득원가로 정의하지 않고, 후속원가 중에서 효익이 장기간 지속되는 경우에만(유형자산의 효능을 향상시키거나 내용연수를 연장할 수 있는 후속원가) 유형자산의 취득원가에 포함시킨다. 그렇지 않고 수선비처럼 후속원가의 효익이 당기에만 나타나는 경우에는 비용으로 회계처리 한다.

유형자산과 재고자산(상품)은 비용화 방법과 취득원가 정의에서 유사하지만 약간의 차이가 있다. 이러한 차이를 비교하여 정리한 내용이 [표 5-1]이다.

▼ 표 5-1 | 유형자산과 재고자산(상품)의 비교

구 분	유형자산	재고자산(상품)
자산의 분류	비유동자산	유동자산
비용화 방법	장기간의 사용을 통해 감가상각비로 전환	판매를 통해 매출원가로 전환
취득원가	매입가격 + 취득부대원가 + 후속원가	매입가격 + 취득부대원가
취득부대원가	취득세 + 운송비 + 설치비	관세 + 운송비 + 보험료

Ⅱ 유형자산의 감가상각

1 감가상각의 의의

유형자산은 장기간 사용을 통해 경제적 효익을 얻으려는 자산이므로, 유형자산을 취득하는 회계기간과 유형자산을 사용하여 경제적 효익을 얻는 회계기간이 일치하지 않는다. 따라서 수익이 발생하는 회계기간에 관련된 비용을 인식해야 한다는 수익·비용 대응원칙matching principle을 지키기 위해서는 유형자산의 취득원가를 자산으로 인식하고 경제적 효익이 발생하는 회계기간에 맞춰 비용으로 대체해야 한다. 하지만 유형자산은 판매를 목적으로 하는 상품과 달리 언제, 얼마만큼의 취득원가가 감소하였는지를 파악하기 어렵다는 문제가 있다.

유형자산은 사용이나 진부화로 인해 감소된 경제적 가치를 정확하게 측정하는 것이 어렵기 때문에, 합리적이고 체계적인 방법을 사용하여 유형자산에서 발생하는 수익과 비용을 적절히 대응시키는데 이를 감가상각depreciation이라고 한다. 즉 감가상각은 유형자산의 경제적 가치 감소를 직접 측정하는 대신 합리적이고 체계적인 방법에 따라 취득원가를 각 회계기간에 나누어 비용화하는 절차이다. 따라서 감가상각을 통해 비용으로 전환된 감가상각비depreciation cost는 실제로 감소된 유형자산의 경제적 가치를 의미하지는 않는다.

2 감가상각의 회계처리

1. 감가상각의 계산요소

감가상각비를 계산하려면 취득원가, 내용연수, 잔존가치와 감가상각 방법을 결정하여야 하는데, 취득원가는 실제로 발생한 금액이다. 그러나 잔존가치와 내용연수는 추정해야 하며, 감가상각 방법은 해당 자산의 미래 경제적 효익이 소비되는 형태를 반영하여 결정한다.

① 취득원가

취득원가acquisition cost는 매입가격에 취득부대원가를 합산한 금액이며, 취득부대원가에는 취득세, 운송비, 설치비, 등기비용 등이 포함된다.

② 내용연수

내용연수useful life란 자산에 대한 예상 사용기간이며 감가상각 대상기간이라고도 한다.

③ 잔존가치

잔존가치residual value란 내용연수가 종료되는 시점에 예상되는 자산의 가치이며 예상 처분대가에서 예상 처분비용을 차감하여 추정한다. 한편 취득원가에서 잔존가치를 차감한 금액을 감가상각 대상금액depreciable amount이라고 하며, 내용연수 동안 감가상각비로 인식할 총 금액을 의미한다. 따라서 감가상각이 종료되는 시점의 회계장부에는 잔존가치만 남게 된다.

감가상각 대상금액 = 취득원가 - 잔존가치

④ 감가상각 방법

감가상각 방법이란 감가상각 대상금액을 내용연수에 걸쳐 배분하는 합리적이고 체계적인 방법이다. 기업은 여러 가지 감가상각 방법 중에서 해당 자산의 경제적 효익이 소비되는 형태를 가장 잘 반영하는 방법을 사용해야 한다.

유형자산 사용으로 인한 경제적 효익이 균등하게 발생한다면 기업은 감가상각 대상금액을 회계기간마다 균등하게 분배할 수 있는 방법인 정액법을 사용한다. 한편, 유형자산이 사용 초기에 더 많은 경제적 효익을 가져오고 기간 경과에 따라 그 경제적 효익이 점점 줄어들면 기업이 초기 단계에서 더 많은 감가상각을 인식하고 점차 감가상각비를 줄여나가는 방법을 사용할 수 있는데 이러한 방법을 체감잔액법accelerated depreciation method 이라고 한다. 또한 자산의 산출량이나 제공되는 서비스의 양을 무게, 부피, 길이 등으로 측정할 수 있다면 기업은 이러한 양적 기준으로 감가상각 대상금액을 배분할 수도 있다. 이러한 방법을 생산량비례법 units-of-production method 이라고 한다.

실무에서는 편의성 때문에 대부분 정액법을 사용하고 있으며 우리나라에서 인정되는 체감잔액법 중 하나인 정률법fixed percentage method, 생산량비례법 등은 드물게 사용되고 있다. 『따라서 본 교재에서는 감가상각 방법 중 정액법만을 다룬다..』

정액법straight-line method은 자산의 내용연수 동안 매 회계기간 마다 동일한 금액(정액)을 상각하는 방법으로 감가상각비는 취득원가에서 잔존가치를 차감한 감가상각 대상금액을 내용연수로 나누어 계산한다.

$$\text{감가상각비} = \frac{\text{감가상각 대상금액}}{\text{내용연수}}$$

$$= \frac{\text{취득원가 - 잔존가치}}{\text{내용연수}}$$

2. 감가상각비에 대한 회계처리

감가상각비는 수익·비용대응원칙에 따라 취득원가를 각 회계기간에 나누어 비용화하는 절차로, 기중에 현금유출과 관련이 없는 비용이므로 기말에 결산정리를 통해서 회계처리 한다. 서비스기업과 상기업의 감가상각비는 손익계산서의 판매비와관리비로 구분하며, 감가상각비의 상대 계정인 감가상각누계액accumulated depreciation은 유형자산의 차감계정이다. 유형자산의 차감(-)계정인 감가상각누계액을 통해서, 감가상각비는 유형자산에서 직접 차감되지 않고 간접적으로 차감된다. 그 이유는 감가상각비가 실제 경제적 가치의 감소 금액이 아니라 추정을 통해 측정된 금액이기 때문이다. 이러한 감가상각의 회계처리 방법은 4장에서 매출채권의 대손을 예상하고 비용인 손상차손과 매출채권의 차감(-)계정인 손실충당금을 인식하는 것과 동일하며, 이를 정리하면 [표 5-2]와 같다.

▼ 표 5-2 | 감가상각과 대손의 비교

구 분	감가상각	대손
해당 자산	유형자산	매출채권
비용 항목	감가상각비	손상차손
차감계정(-)	감가상각누계액	손실충당금

구체적인 감가상각에 대한 회계처리는 다음과 같다. ① 기말에 계산한 감가상각비를 차변에 기록한다. 또한 ② 감가상각비와 동일한 금액을 유형자산의 차감계정인 감가상각누계액으로 인식하며, 자산의 차감계정이므로 반대인 대변에 기록한다. 여기서 감가상각누계액은 유형자산처럼 재무상태표 항목이므로 차기이월 되어, 감가상각 대상금액과 동일해질 때까지 누적된다.

(차) 감가상각비 ××× (대) 감가상각누계액 ×××

예 1

20×1년 기초에 취득한 기계장치의 취득원가와 잔존가치가 각각 ₩500,000과 ₩200,000이고 내용연수가 3년일 때, 매년 기말에 인식할 감가상각비가 ₩100,000이라면 다음과 같이 분개한다.

① 20×1년 기말에 감가상각비 ₩100,000을 인식하고 그에 대응하는 감가상각누계액을 인식하는 회계처리는 다음과 같다. 기계장치의 기말 잔액은 취득원가이다.*

* 유형자산의 기말 잔액은 후속원가로 취득원가가 변하지 않는 한 그대로 유지된다.

20×1:	(차) 감 가 상 각 비	100,000	(대) 감 가 상 각 누 계 액	100,000

기계장치(20×1.12.31)

차변		대변	
1/ 1	500,000		
잔 액	500,000		

감가상각누계액(20×1.12.31)

차변		대변	
		12/31	100,000
		잔 액	100,000

20×1년의 유형자산의 장부금액은 취득원가 ₩500,000에서 감가상각누계액 ₩100,000을 차감한 ₩400,000이다.

구 분	20×1년
취 득 원 가	500,000
감가상각누계액	(100,000)
장 부 금 액	400,000

② 20×2년 기말의 회계처리도 20×1년과 동일하지만, 감가상각누계액이 누적되어 ₩200,000이 된다. 또한 기계장치는 이월되어 기말 잔액은 매년 동일하다.

20×2:	(차) 감 가 상 각 비	100,000	(대) 감 가 상 각 누 계 액	100,000

기계장치(20×2.12.31)

차변		대변	
1/ 1	500,000		
잔 액	500,000		

감가상각누계액(20×2.12.31)

차변		대변	
		1/ 1	100,000
		12/31	100,000
		잔 액	200,000

20×2년의 유형자산의 장부금액은 취득원가 ₩500,000에서 감가상각누계액 ₩200,000을 차감한 ₩300,000이다.

구 분	20×2년
취 득 원 가	500,000
감가상각누계액	(200,000)
장 부 금 액	300,000

③ 20×3년 기말의 회계처리도 20×1년과 동일하지만, 감가상각누계액이 누적되어 ₩300,000이 된다. 또한 감가상각이 끝난 20×3년의 감가상각누계액은 감가상각대상금액인 ₩300,000과 동일하다. 감가상각대상금액은 취득원가(= ₩500,000)에서 잔존가치(= ₩200,000)를 차감한 금액이다.

20×3:	(차) 감 가 상 각 비	100,000	(대) 감 가 상 각 누 계 액	100,000

기계장치(20×2.12.31)			
1/ 1	500,000		
잔 액	500,000		

감가상각누계액(20×2.12.31)			
		1/ 1	200,000
		12/31	100,000
		잔 액	300,000

20×3년의 유형자산의 장부금액은 취득원가 ₩500,000에서 감가상각누계액 ₩300,000을 차감한 ₩200,000이다. 또한 20×3년은 내용연수가 모두 경과한 마지막 연도이기 때문에, 잔존가치 ₩200,000과 동일하게 된다.

구 분	20×3년
취 득 원 가	500,000
감가상각누계액	(300,000)
장 부 금 액	200,000

예제 5.1 감가상각비

㈜강남상사는 20×1년 1월 1일에 다음의 기계장치를 외상으로 ₩4,000,000에 취득하였다.

• 내용연수: 3년 • 잔존가치: ₩1,000,000 • 감가상각 방법: 정액법

【물 음】 ㈜강남상사의 매년 기말에 감가상각을 인식하는 분개를 하시오.

풀이

① 20×1.12.31.: 20×1년 기말 감가상각비 인식

(차) 감 가 상 각 비	1,000,000	(대) 감가상각누계액	1,000,000

☞ 매년 감가상각비 $= \dfrac{\text{취득원가 - 잔존가치}}{\text{내용연수}} = \dfrac{₩4,000,000 - ₩1,000,000}{3년} = ₩1,000,000$

기계장치(20×1.12.31)			
1/ 1	4,000,000		
잔 액	4,000,000		

감가상각누계액(20×1.12.31)			
		12/31	1,000,000
		잔 액	1,000,000

구 분	20×1.12.31
취 득 원 가	4,000,000
감가상각누계액	(1,000,000)
장 부 금 액	3,000,000

☞ 20×1년의 장부금액은 취득원가 ₩4,000,000에서 감가상각누계액 ₩1,000,000을 차감한 ₩3,000,000이다.

② 20×2.12.31.: 20×2년 말 감가상각비 인식

(차) 감 가 상 각 비	1,000,000	(대) 감가상각누계액	1,000,000

기계장치(20×2.12.31)

차변		대변	
1/ 1	4,000,000		
잔 액	4,000,000		

감가상각누계액(20×2.12.31)

차변		대변	
		1/ 1	1,000,000
		12/31	1,000,000
		잔 액	2,000,000

☞ 매년 취득원가가 동일하게 기록되고, 감가상각누계액은 매년 인식한 감가상각비를 누적한다.

구 분	20×2.12.31
취 득 원 가	4,000,000
감가상각누계액	(2,000,000)
장 부 금 액	2,000,000

☞ 20×2년의 장부금액은 취득원가 ₩4,000,000에서 감가상각누계액 ₩2,000,000을 차감한 ₩2,000,000이다.

③ 20×3.12.31.: 20×3년 말 감가상각비 인식

(차) 감 가 상 각 비	1,000,000	(대) 감가상각누계액	1,000,000

기계장치(20×3.12.31)

차변		대변	
1/ 1	4,000,000		
잔 액	4,000,000		

감가상각누계액(20×3.12.31)

차변		대변	
		1/ 1	2,000,000
		12/31	1,000,000
		잔 액	3,000,000

구 분	20×3.12.31
취 득 원 가	4,000,000
감가상각누계액	(3,000,000)
장 부 금 액	1,000,000

☞ 20×3년의 장부금액은 취득원가 ₩4,000,000에서 감가상각누계액 ₩3,000,000을 차감한 ₩1,000,000이다. 또한 내용연수가 모두 경과한 20×3년 장부금액은 잔존가치와 동일하다.

III 유형자산의 처분

유형자산이 노후화되어 새로운 자산으로 대체할 필요가 있을 때에, 기업은 유형자산을 처분 또는 폐기하게 된다. 유형자산을 처분 또는 폐기하면 더 이상 기업의 자산이 아니므로, 재무제표에서도 제거하는 회계처리를 해야 한다. 구체적인 회계처리는 다음과 같다.

① 회계기간의 기초부터 처분하는 시점까지의 기간에 해당하는 감가상각비를 추가로 인식하여야 한다. 즉 회계기간 중에 처분을 하는 경우에는 처분시점까지 사용한 기간에 해당하는 감가상각비를 인식해야 하며, 감가상각비 금액은 회계기간 1년에 해당하는 감가상각비를 먼저 계산한 후에 이 금액에 사용기간을 반영하여 계산한다.

② 유형자산을 장부에서 제거하는 회계처리를 할 때에는 유형자산만 제거하는 것이 아니라 해당 유형자산과 관련된 감가상각누계액도 함께 제거해야 한다. 감가상각누계액은 유형자산의 차감계정이므로 해당 유형자산이 존재하지 않으면 더 이상 존재할 이유가 없기 때문이다. 그리고 유형자산과 함께 제거되는 감가상각누계액의 금액은 기초부터 처분시점까지의 감가상각비를 포함한 금액으로, 차변에 기록하여 제거한다.

③ 처분대가와 장부금액간의 차액을 유형자산처분이익 또는 유형자산처분손실로 인식하며, 손익계산서에 기타수익 또는 기타비용으로 보고해야 한다. 처분대가가 장부금액보다 크면 유형자산처분이익이 발생하고, 처분대가가 장부금액보다 작으면 유형자산처분손실이 발생한다. 장부금액은 취득원가에서 처분시점의 감가상각누계액을 차감한 금액이다.

> 유형자산처분이익(손실) = 처분대가 - 장부금액
> = 처분대가 - [취득원가 - 처분시점의 감가상각누계액]

중국회계

중국회계에서는 유형자산을 처분할 때 '유형자산 청산' 이라는 계정을 별도로 설정한다. 이 계정의 차변에 처분될 유형자산의 장부금액과 처분 과정에서 발생하는 비용이 기록된다. 그리고 처분대가가 이 계정의 대변에 기록된다. 대변이 차변보다 크면 그 차이가 '영업외수익-유형자산 청산수익'으로 대체하여 인식되고 차변이 대변보다 크면 그 차이가 '영업외비용-유형자산 청산손실'로 대체하여 인식된다. 그러므로 유형자산 처분이 완료되면 유형자산청산 계정 잔액도 0으로 된다.

예 1

20×1년 말에 취득원가가 ₩1,000,000이고 감가상각누계액이 ₩700,000인 기계장치를 현금 ₩500,000에 처분하는 회계처리를 한다.

기계장치의 취득원가 ₩1,000,000에서 감가상각누계액 ₩700,000을 차감하면 장부금액은 ₩300,000이 되며, 처분대가 ₩500,000에서 장부금액 ₩300,000을 차감하면 유형자산처분이익 ₩200,000이 발생한다. 따라서 다음과 같이 분개한다.

(차)	현 금[1]	500,000	(대) 기 계 장 치[2]	1,000,000
	감가상각누계액	700,000	유형자산처분이익	200,000

(1) 처분대가, (2) 취득원가

유형자산인 기계장치(취득원가) ₩1,000,000은 제거해야 하므로 대변에 기록하고, 기계장치의 차감계정(－)인 감가상각누계액 ₩700,000도 함께 제거해야 하므로 차변에 기록한다. 또한 '현금(처분가액) ₩500,000 + 감가상각누계액 ₩700,000'에서 '기계장치(취득원가) ₩1,000,000'을 차감하면 대변 잔액인 유형자산처분이익 ₩200,000이 계산된다.

중국회계

중국회계 기준에 따라 예 1의 기계장비 처분에 대한 분개는 다음과 같이 세 단계로 구분된다.

1단계: 처분하는 유형자산의 장부금액을 유형자산청산 계정의 차변으로 대체

(차)	유형자산청산	300,000	(대) 유형자산-기계장치	1,000,000
	감가상각누계액	700,000		

2단계: 수령하는 처분대가를 유형자산청산 계정의 대변으로 대체

(차)	현 금	500,000	(대) 유형자산청산	500,000

* 이 때 유형자산청산 계정 차변 300,000원과 대변 500,000원을 상계하면 대변 잔액이 200,000원이 된다.

3단계: 유형자산청산 계정의 잔액을 청산수익 또는 비용 계정으로 대체

(차)	유형자산청산	200,000	(대) 영업외수익-유형자산 청산수익	200,000

* 유형자산청산 잔액을 영업외수익으로 대체함에 따라 유형자산청산 계정 잔액은 0이 된다.

예 2

20×1년 말에 취득원가가 ₩1,000,000이고 감가상각누계액이 ₩700,000인 기계장치를 현금 ₩200,000에 처분하는 회계처리를 한다.

기계장치의 처분대가 ₩200,000에서 장부금액 ₩300,000을 차감하면 유형자산처분손실 ₩100,000이 발생한다. 따라서 다음과 같이 분개한다.

(차)	현 금[(1)]	200,000	(대)	기 계 장 치[(2)]	1,000,000
	감가상각누계액	700,000			
	유형자산처분손실	100,000			

(1) 처분대가, (2) 취득원가

'기계장치(취득원가) ₩1,000,000'에서 '현금(처분가액) ₩200,000 + 감가상각누계액 ₩700,000'을 차감하면 차변 잔액인 유형자산처분손실 ₩100,000이 계산된다.

중국회계

중국회계 기준에 따라 [예 2]의 기계장비 처분에 대한 분개는 다음과 같이 세 단계로 구분된다.

1단계: 처분하는 유형자산의 장부금액을 유형자산청산 계정의 차변으로 대체

(차)	유형자산청산	300,000	(대)	유형자산-기계장치	1,000,000
	감가상각누계액	700,000			

2단계: 수령하는 처분대가를 유형자산청산 계정의 대변으로 대체

(차)	현 금	200,000	(대)	유형자산청산	200,000

* 이 때 유형자산청산 계정 차변 300,000원과 대변 200,000원을 상계하면 차변 잔액이 100,000원이 된다.

3단계: 유형자산청산 계정의 잔액을 청산수익 또는 비용 계정으로 대체

(차)	영업외비용-유형자산 청산손실	100,000	(대)	유형자산청산	100,000

* 유형자산청산 잔액을 영업외비용으로 대체함에 따라 유형자산청산 계정 잔액은 0이 된다.

예제 5.2 유형자산의 처분

㈜강남상사는 20×1년 1월 1일에 다음의 건물을 영업에 사용할 목적으로 ₩5,000,000에 외상으로 취득하고 사용하다가 20×2년 6월 30일에 현금 ₩4,000,000에 처분하였다. 동일 연도 내에서 월별 감가상각비는 동일다고 가정한다.

• 내용연수: 4년 • 잔존가치: ₩1,000,000 • 감가상각 방법: 정액법

【물 음】 ㈜강남상사의 거래에 대해 분개하시오.

풀이

① 20×1. 1. 1.: 건물을 영업에 사용할 목적으로 ₩5,000,000에 외상으로 취득

(차) 건 물	5,000,000	(대) 미 지 급 금	5,000,000

☞ 유형자산인 건물을 외상으로 구입하였으므로 미지급금 계정을 사용한다.

② 20×1.12.31.: 20×1년 기말 감가상각비 인식

(차) 감 가 상 각 비	1,000,000	(대) 감가상각누계액	1,000,000

☞ 매년 감가상각비 $= \frac{\text{취득원가} - \text{잔존가치}}{\text{내용연수}} = \frac{₩5,000,000 - ₩1,000,000}{4\text{년}} = ₩1,000,000$

건 물(20×1.12.31)

차변		대변	
1/ 1	5,000,000		
잔 액	5,000,000		

감가상각누계액(20×1.12.31)

차변		대변	
		12/31	1,000,000
		잔 액	1,000,000

구 분	20×1.12.31
취 득 원 가	5,000,000
감가상각누계액	(1,000,000)
장 부 금 액	4,000,000

③ 20×2. 6. 30.: 20×2.1.1.~20×2.6.30.(처분시점)까지의 감가상각비 인식

(차) 감 가 상 각 비	500,000	(대) 감가상각누계액	500,000

☞ 동일 연도내에서 월별 감가상각비는 동일하므로, 20×2년 1월 1일부터 처분시점까지의 감가상각비는 ₩500,000($= ₩1,000,000 \times \frac{6\text{개월}}{12\text{개월}}$)이다.

건 물(20×2.6.30)

차변		대변	
1/ 1	5,000,000		
잔 액	5,000,000		

감가상각누계액(20×2.6.30)

차변		대변	
		1/ 1	1,000,000
		6/30	500,000
		잔 액	1,500,000

구 분	20×2.6.30
취 득 원 가	5,000,000
감가상각누계액	(1,500,000)
장 부 금 액	3,500,000

④ 20×2. 6. 30.: 건물을 현금 ₩4,000,000에 처분

(차)			(대)		
	현 금	4,000,000		건 물	5,000,000
	감가상각누계액	1,500,000		유형자산처분이익	500,000

☞ 처분대가 ₩4,000,000이 장부금액 ₩3,500,000(= ₩5,000,000 - ₩1,500,000)보다 더 크기 때문에 유형자산처분이익 ₩500,000이 발생한다.

건 물(20×2.6.30)

차변		대변	
1/ 1	5,000,000	6/30	5,000,000
잔 액	0		

감가상각누계액(20×2.6.30)

차변		대변	
6/30	1,500,000	1/ 1	1,000,000
		6/30	500,000
		잔 액	0

☞ 20×2년에 건물이 처분되어, 건물과 감가상각누계액은 회계장부에서 모두 제거되어 '0'으로 표시된다.

연 / 습 / 문 / 제

5.1 감가상각비

㈜강남상사는 20×1년 1월 1일에 다음 건물을 현금 ₩10,000,000에 취득하였다. 주어진 자료를 이용하여 20×1년 기말부터 20×3년 기말까지의 감가상각에 대해 분개하시오.

• 내용연수: 3년 • 잔존가치: ₩4,000,000 • 감가상각 방법: 정액법

5.2 유형자산의 감가상각과 처분 1

㈜강남서비스는 20×1년 1월 1일에 다음 기계장치를 ₩7,000,000에 외상으로 취득하고 사용하다가 20×3년 6월 30일에 ₩1,500,000에 처분하고 나중에 받기로 하였을 때, 취득/감가상각/처분에 대해 분개하시오. 다만, 동일 연도 내에서 월별 감가상각비는 동일다고 가정한다.

• 내용연수: 3년 • 잔존가치: ₩1,000,000 • 감가상각 방법: 정액법

5.3 유형자산의 감가상각과 처분 2

다음 거래를 분개하시오.

① 20×1년 1월 1일에 건물을 현금 ₩9,000,000에 취득하다.

② 해당 건물에 대해 다음 조건으로 감가상각비를 인식한다.

• 내용연수: 5년 • 잔존가치: ₩1,500,000 • 감가상각 방법: 정액법

③ 20×2년 3월 31일에 건물을 처분하고 ₩7,800,000을 현금으로 받다. 다만, 동일 연도 내에서 월별 감가상각비는 동일하다고 가정한다.

연/습/문/제/해/설

연습문제 5.1

① 20×1.12.31.: 20×1년 말 감가상각비 인식

(차) 감 가 상 각 비	2,000,000	(대) 감가상각누계액	2,000,000

☞ 매년 감가상각비 $= \dfrac{\text{취득원가 - 잔존가치}}{\text{내용연수}} = \dfrac{₩10,000,000 - ₩4,000,000}{3\text{년}}$ = ₩2,000,000

기계장치(20×1.12.31)

1/ 1	10,000,000	
잔 액	10,000,000	

감가상각누계액(20×1.12.31)

	12/31	2,000,000
	잔 액	2,000,000

구 분	20×1.12.31
취 득 원 가	10,000,000
감가상각누계액	(2,000,000)
장 부 금 액	8,000,000

☞ 20×1년의 장부금액은 취득원가 ₩10,000,000에서 감가상각누계액 ₩2,000,000을 차감한 ₩8,000,000 이다.

② 20×2.12.31.: 20×2년 말 감가상각비 인식

(차) 감 가 상 각 비	2,000,000	(대) 감가상각누계액	2,000,000

기계장치(20×2.12.31)

1/ 1	10,000,000	
잔 액	10,000,000	

감가상각누계액(20×2.12.31)

	1/ 1	2,000,000
	12/31	2,000,000
	잔 액	4,000,000

구 분	20×2.12.31
취 득 원 가	10,000,000
감가상각누계액	(4,000,000)
장 부 금 액	6,000,000

☞ 20×2년의 장부금액은 취득원가 ₩10,000,000에서 감가상각누계액 ₩4,000,000을 차감한 ₩6,000,000 이다.

③ 20×3.12.31.: 20×3년 말 감가상각비 인식

(차) 감 가 상 각 비	2,000,000	(대) 감가상각누계액	2,000,000

기계장치(20×3.12.31)

1/ 1	10,000,000	
잔 액	10,000,000	

감가상각누계액(20×3.12.31)

	1/ 1	4,000,000
	12/31	2,000,000
	잔 액	6,000,000

구 분	20×3.12.31
취 득 원 가	10,000,000
감가상각누계액	(6,000,000)
장 부 금 액	4,000,000

☞ 20×3년의 장부금액은 취득원가 ₩10,000,000에서 감가상각누계액 ₩6,000,000을 차감한 ₩4,000,000이며, 이 금액은 잔존가치와 일치한다.

연습문제 5.2

① 20×1년 1월 1일에 기계장치를 ₩7,000,000에 외상으로 취득

(차) 기 계 장 치	7,000,000	(대) 미 지 급 금	7,000,000

☞ 유형자산인 건물을 외상으로 구입하였으므로 미지급금 계정을 사용한다.

② 20×1년 12월 31일에 다음 조건으로 감가상각비를 인식하다.

• 내용연수: 3년 • 잔존가치: ₩1,000,000 • 감가상각 방법: 정액법

☞ 매년 감가상각비 $= \frac{\text{취득원가 - 잔존가치}}{\text{내용연수}} = \frac{\text{₩7,000,000 - ₩1,000,000}}{\text{3년}} = \text{₩2,000,000}$

(차) 감 가 상 각 비	2,000,000	(대) 감가상각누계액	2,000,000

기계장치(20×1.12.31)

1/ 1	7,000,000	
잔 액	7,000,000	

감가상각누계액(20×1.12.31)

	12/31	2,000,000
	잔 액	2,000,000

구 분	20×1.12.31
취 득 원 가	7,000,000
감가상각누계액	(2,000,000)
장 부 금 액	5,000,000

☞ 20×1년의 장부금액은 취득원가 ₩7,000,000에서 감가상각누계액 ₩2,000,000을 차감한 ₩5,000,000이다.

③ 20×2년 12월 31일에 다음 조건으로 감가상각비를 인식하다.

(차) 감 가 상 각 비	2,000,000	(대) 감가상각누계액	2,000,000

기계장치(20×2.12.31)

차변	대변
1/ 1 7,000,000	
잔 액 7,000,000	

감가상각누계액(20×2.12.31)

차변	대변
	1/ 1 2,000,000
	12/31 2,000,000
	잔 액 4,000,000

구 분	20×2.12.31
취 득 원 가	7,000,000
감가상각누계액	(4,000,000)
장 부 금 액	3,000,000

☞ 20×2년의 장부금액은 취득원가 ₩7,000,000에서 감가상각누계액 ₩4,000,000을 차감한 ₩3,000,000이다.

④ 20×3. 6. 30.: 20×3.1.1.~20×3.6.30.(처분시점)까지의 감가상각비 인식

(차) 감 가 상 각 비	1,000,000	(대) 감가상각누계액	1,000,000

☞ 20×3년 1월 1일부터 처분시점까지의 감가상각비는 ₩1,000,000(= ₩2,000,000 × $\frac{6개월}{12개월}$)이다.

기계장치(20×3.6.30)

차변	대변
1/ 1 7,000,000	
잔 액 7,000,000	

감가상각누계액(20×3.6.30)

차변	대변
	1/ 1 4,000,000
	3/31 1,000,000
	잔 액 5,000,000

구 분	20×3.6.30
취 득 원 가	7,000,000
감가상각누계액	(5,000,000)
장 부 금 액	2,000,000

☞ 20×2년의 장부금액은 취득원가 ₩7,000,000에서 감가상각누계액 ₩5,000,000을 차감한 ₩2,000,000이다.

⑤ 20×3년 6월 30일에 ₩1,500,000에 처분하고 나중에 받기로 하다.

(차) 미 수 금	1,500,000	(대) 기 계 장 치	7,000,000
감 가 상 각 누 계 액	5,000,000		
유 형 자 산 처 분 손 실	500,000		

☞ 유형자산인 기계장치를 외상으로 판매하였으므로 미수금 계정을 사용한다.

☞ 처분대가 ₩1,500,000이 장부금액 ₩2,000,000(= ₩7,000,000 - ₩5,000,000)보다 작기 때문에 유형자산처분손실 ₩500,000이 발생한다.

연습문제 5.3

① 20×1년 1월 1일에 건물을 현금 ₩9,000,000에 취득하다.

(차) 건 물	9,000,000	(대) 현 금	9,000,000

② 20×1년 12월 31일에 다음 조건으로 감가상각비를 인식하다.

• 내용연수: 5년 • 잔존가치: ₩1,500,000 • 감가상각 방법: 정액법

☞ 매년 감가상각비 $= \frac{\text{취득원가 - 잔존가치}}{\text{내용연수}} = \frac{₩9,000,000 - ₩1,500,000}{5\text{년}} = ₩1,500,000$

(차) 감 가 상 각 비	1,500,000	(대) 감가상각누계액	1,500,000

기계장치(20×1.12.31)

차변		대변	
1/ 1	9,000,000		
잔 액	9,000,000		

감가상각누계액(20×1.12.31)

차변		대변	
		12/31	1,500,000
		잔 액	1,500,000

구 분	20×1.12.31
취 득 원 가	9,000,000
감가상각누계액	(1,500,000)
장 부 금 액	7,500,000

☞ 20×1년의 장부금액은 취득원가 ₩9,000,000에서 감가상각누계액 ₩1,500,000을 차감한 ₩7,500,000이다.

③ 20×2. 3. 31.: 20×2.1.1.~20×2.3.31.(처분시점)까지의 감가상각비 인식

(차) 감 가 상 각 비	375,000	(대) 감가상각누계액	375,000

☞ 20×2년 1월 1일부터 처분시점까지의 감가상각비는 ₩375,000($= ₩1,500,000 \times \frac{3\text{개월}}{12\text{개월}}$)이다.

건 물(20×2.3.31)

차변		대변	
1/ 1	9,000,000		
잔 액	9,000,000		

감가상각누계액(20×2.3.31)

차변		대변	
		1/ 1	1,500,000
		3/31	375,000
		잔 액	1,875,000

구 분	20×2.3.31
취 득 원 가	9,000,000
감가상각누계액	(1,875,000)
장 부 금 액	7,125,000

☞ 20×2년의 장부금액은 취득원가 ₩9,000,000에서 감가상각누계액 ₩1,875,000을 차감한 ₩7,125,000이다.

④ 20×2년 3월 31일에 건물을 처분하고 ₩7,800,000을 현금으로 받다. 다만, 동일 연도 내에서 월별 감가상각비는 동일하다고 가정한다.

(차) 현　　　금	7,800,000	(대) 건　　　물	9,000,000
감가상각누계액	1,875,000	유형자산처분이익	675,000

☞ 처분대가 ₩7,800,000이 장부금액 ₩7,125,000(= ₩9,000,000 - ₩1,875,000)보다 크기 때문에 유형자산처분이익 ₩675,000이 발생한다.

제6장

유학생을 위한 회계원리 - 한국어버전

비유동부채

Accounting principles for international students
Korean version

Ⅰ. 화폐의 시간가치

Ⅱ. 사채

Ⅲ. 기타 비유동부채

I 화폐의 시간가치

본 절에서는 비유동부채의 회계처리에 필요한화폐의 시간가치에 대해 설명한다. 화폐의 시간가치time value of money란 화폐의 가치가 측정하는 시점에 따라 다르다는 의미로, 현재시점의 ₩1의 가치는 미래시점의 ₩1의 가치보다 크다는 것이다. 이를 이해하기 위해 미래가치future value와 현재가치present value에 대해 살펴본다.

1 미래가치

미래가치future value는 현재시점의 금액과 동일한 가치인 미래시점의 금액으로, 연이자율이 r 일 때 현재시점 금액(P_0)의 n 년 후 미래가치(F_n)는 다음과 같다.

$$F_n = P_0 \times [1+r]^n$$

F_n: n 년 후 미래가치, P_0: 현재시점 금액, r: 연이자율(1%, 2% …), n: 연수(1년, 2년, …)

만약 연이자율이 10%이면, 현재시점 금액 ₩100의 미래가치는 시점에 따라 다음과 같이 계산된다.

$$F_0 = ₩100 \times [1 + 10\%]^0 = ₩100 \times 1.00 = ₩100$$
$$F_1 = ₩100 \times [1 + 10\%]^1 = ₩100 \times 1.10 = ₩110$$
$$F_2 = ₩100 \times [1 + 10\%]^2 = ₩100 \times 1.21 = ₩121$$

현재시점의 금액 ₩100과 동일한 가치인 미래가치(= F_1, F_2)는 1년 후 ₩110이고, 2년 후 ₩121이다. 따라서 미래가치가 현재가치보다 점점 더 커지는데, 이는 현재시점의 ₩1의 가치가 미래시점의 ₩1의 가치보다 크기 때문이다.

2 현재가치

현재가치present value란 미래시점의 금액과 동일한 가치인 현재시점의 금액으로, 연이자율이 r일 때 n년 후 미래시점 금액(F_n)의 현재가치(P_0)는 다음과 같다.

$$P_0 = F_n \times \frac{1}{[1+r]^n}$$

P_0: 현재가치, F_n: n년 후 미래시점 금액, r: 연이자율(1%, 2% …), n: 연수(1년, 2년, …)

만약 연이자율이 10%이면, 단일금액 ₩10,000의 현재가치는 시점에 따라 다음과 같이 계산한다.

$$P_1 = ₩10,000 \times \frac{1}{[1+10\%]^1} = ₩10,000 \times 0.9091 = ₩9,091$$
$$P_2 = ₩10,000 \times \frac{1}{[1+10\%]^2} = ₩10,000 \times 0.8264 = ₩8,264$$
$$P_3 = ₩10,000 \times \frac{1}{[1+10\%]^3} = ₩10,000 \times 0.7513 = ₩7,513$$

1년 후 미래시점의 금액 ₩10,000과 동일한 가치인 현재가치(= P_1)는 ₩9,091이고, 2년 및 3년 후 현재가치(= P_2, P_3)는 각각 ₩8,264과 ₩7,513이다. 따라서 미래가치가 점점 더 작아지는 것을 확인할 수 있는데, 이 때문에 현재가치를 계산할 때 사용하는 이자율을 할인율Discount rate이라고 부른다.

현재가치를 계산하려면 계산기를 이용해야 하지만, [표 6-1]과 같은 ₩1의 현재가치를 미리 계산해놓은 표를 이용하면 보다 쉽게 현재가치를 계산할 수 있다.

▼ 표 6-1 ㅣ 단일금액 ₩1의 현재가치계산표(현가표)

구분	1%	2%	3%	4%	5%	6%	7%	8%	9%	10%	11%	12%
1년	0.9901	0.9804	0.9709	0.9615	0.9524	0.9434	0.9346	0.9259	0.9174	0.9091	0.9009	0.8929
2년	0.9803	0.9612	0.9426	0.9246	0.9070	0.8900	0.8734	0.8573	0.8417	0.8264	0.8116	0.7972
3년	0.9706	0.9423	0.9151	0.8890	0.8638	0.8396	0.8163	0.7938	0.7722	0.7513	0.7312	0.7118
4년	0.9610	0.9238	0.8885	0.8548	0.8227	0.7921	0.7629	0.7350	0.7084	0.6830	0.6587	0.6355
5년	0.9515	0.9057	0.8626	0.8219	0.7835	0.7473	0.7130	0.6806	0.6499	0.6209	0.5935	0.5674

또한 동일한 금액의 현금이 일정기간 동안 반복하여 발생하는 경우가 있는데 이를 연금 annuity이라고 하며, 특히 기말에 발생하는 연금을 정상연금이라고 한다.[9] 따라서 연금의 현재가치를 계산하는 경우에는 ₩1에 대한 현재가치의 계산을 여러 번 반복해야 한다. 이러한 반복되는 연금의 현재가치를 쉽게 계산하려면, [표 6-2]와 같은 '연금 ₩1의 현재가치계산표'를 이용하면 된다.

▼ **표 6-2** ı 연금 ₩1의 현재가치계산표(현가표)

구분	1%	2%	3%	4%	5%	6%	7%	8%	9%	10%	11%	12%
1년	0.9901	0.9804	0.9709	0.9615	0.9524	0.9434	0.9346	0.9259	0.9174	0.9091	0.9009	0.8929
2년	1.9704	1.9416	1.9135	1.8861	1.8594	1.8334	1.8080	1.7833	1.7591	1.7355	1.7125	1.6901
3년	2.9410	2.8839	2.8286	2.7751	2.7232	2.6730	2.6243	2.5771	2.5313	2.4869	2.4437	2.4018
4년	3.9020	3.8077	3.7171	3.6299	3.5460	3.4651	3.3872	3.3121	3.2397	3.1699	3.1024	3.0373
5년	4.8534	4.7135	4.5797	4.4518	4.3295	4.2124	4.1002	3.9927	3.8897	3.7908	3.6959	3.6048

예를 들어 연이자율이 10%일 때, 3년 동안 매년 말 ₩10,000의 합계액의 현재가치를 계산하면 [표 6-3]과 같다.

▼ **표 6-3** ı 연금의 현재가치

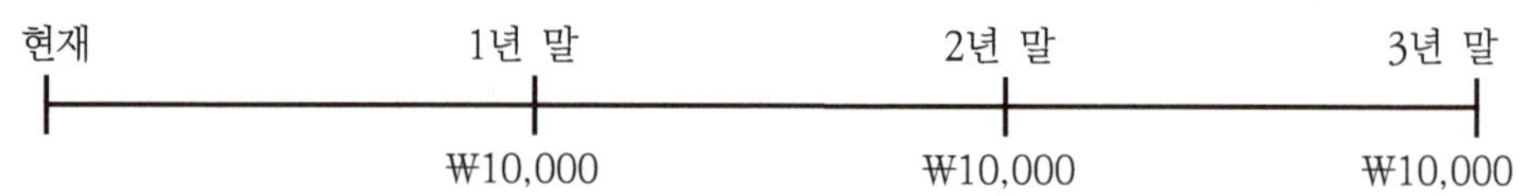

[단일금액 현가표] = ₩10,000 × 0.9091 + ₩10,000 × 0.8264 + ₩10,000 × 0.7513

[정상연금 현가표] = ₩10,000 × 2.4869 = ₩24,869

첫째, [표 6-1]의 '단일금액 ₩1의 현재가치계산표'를 이용하여 연금의 현재가치를 계산하면, 1년/2년/3년 말 ₩10,000의 현재가치는 각각 ₩9,091/₩8,264/₩7,513이고, 그 합계액은 ₩24,868이다.

둘째, [표 6-2]의 '연금 ₩1의 현재가치계산표'를 이용하여 연금의 현재가치를 계산하면 ₩24,869(= ₩10,000 × 2.4869)으로, '단일금액 ₩1의 현재가치계산표'를 이용한 것과 '₩1의 차이가 발생하는 것은 반올림 값의 차이 때문이다.

---

9) 연금이 매기 초에 발생하는 경우 선불연금(또는 이상연금)이라 한다. 정상연금 현가표를 사용하여 선불연금을 산출할 수 있다.

$$\frac{\text{선불연금}}{\text{1의 현재가치}} = \frac{\text{정상연금}}{\text{1의 현재가치}} \times (1 + r)$$

(r = 할인율)

Ⅱ 사채

1 사채의 의의

기업은 필요한 자금을 조달하기 위해서 차입을 하는데, 일반적으로는 은행에서 차입하는 경우가 많다. 그러나 대규모의 자금을 장기간 동안 사용해야 하는 경우에는 회사채를 발행한다.

회사채會社債, corporation bond는 주식회사가 일반대중으로부터 거액의 장기자금을 조달할 때 발행하는 증서로서, 사전에 정해진 날짜에 약정된 원금과 이자를 지급하는 것이 표기된 채무증서이다. 이 채무증서를 회사채 또는 사채社債라고 하는데 재무제표에는 사채로 표시되므로 본서에서는 사채로 표기한다. 이러한 사채는 작은 금액 단위로 표시된 채무증서를 대량으로 발행하여 불특정 다수의 채권자들로부터 자금을 조달하기 때문에, 보다 손쉽게 거액의 차입금을 조달할 수 있는 부채이다.

2 사채와 관련된 주요 용어

사채는 자금을 빌리면서 발행하는 채무증서이므로, 원금상환과 이자지급에 대한 약속사항인 만기, 액면금액, 액면이자율을 기재한다.

1. 만기

만기maturity는 사채로 조달한 자금을 상환해야 하는 시점이며, 사채에는 자금의 조달기간을 확인할 수 있도록 발행일issue date과 만기일maturity date을 표시한다.

2. 액면금액

액면금액par value은 사채의 표면에 기재된 금액이며 만기일에 상환해야 할 금액이다.

3. 액면이자율

액면이자율stated interest rate은 사채의 표면에 기재된 이자율로, 사채발행회사가 채권자들에게 지급할 현금이자 금액은 액면금액에 액면이자율을 곱하여 계산된다.

현금이자 = 액면금액 × 액면이자율

4. 시장이자율

시장이자율market interest rate은 사채를 발행하는 회사(이하 사채발행회사)에 대해 채권자들이 요구하는 이자율이다. 시장이자율은 채권자들이 다른 투자를 하는 대신에 사채를 구입해서 얻는 수익률이므로 기회비용opportunity cost 에 해당된다. 따라서 사채발행회사는 채권자들에게 시장이자율을 보장해주지 않는 한 자금을 조달할 수 없으므로, 사채발행회사가 조달하는 금액은 만기, 액면금액, 액면이자율 뿐만 아니라 시장이자율의 영향도 받게 된다.

3 사채의 발행

1. 사채의 발행금액

사채발행회사는 ① 만기에 원금인 액면금액을 지급해야 하고, ② 정해진 기간에 현금이자를 지급해야 한다. 따라서 사채발행회사가 사채의 발행일에 인식할 부채는 미래에 지급할 액면금액과 현금이자를 발행일의 현재가치로 환산한 금액이 되며, 이 금액은 사채의 발행으로 회사가 조달한 금액인 발행금액과 일치한다.

사채의 발행금액 = 액면금액 현재가치 + 현금이자 현재가치

미래에 지급할 액면금액과 현금이자의 현재가치를 계산하는데 사용하는 할인율은 시장이자율로, 사채의 발행금액을 계산하는 구조는 [표 6-4]와 같다.

▼ 표 6-4 | 사채의 발행금액 계산구조

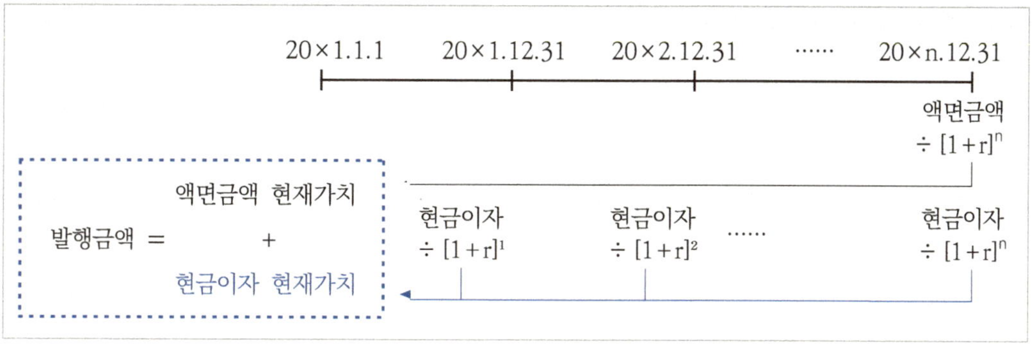

[표 6-4]의 액면금액의 현재가치는 '단일금액 ₩1의 현재가치계산표의 계수(이하 단일금액 ₩1의 현가계수)를 이용하고, 반복되는 현금이자의 현재가치는 '연금 ₩1의 현재가치계산표의 계수(이하 연금 ₩1의 현가계수)'를 이용하면 쉽게 산출할 수 있다.

> 액면금액의 현재가치 = 액면금액 × 단일금액 ₩1의 현가계수
> 현금이자의 현재가치 = 현금이자 × 연금 ₩1의 현가계수

2. 사채발행의 구분

사채의 발행금액을 계산할 때 액면이자율과 시장이자율이 모두 사용되는데, 두 이자율은 동일할 수도 있고 차이가 날 수도 있다. 그에 따라 사채의 발행을 액면발행, 할인발행, 할증발행으로 구분하는데, 이를 정리하면 [표 6-5]와 같다.

▼ 표 6-5 | 사채발행의 구분

발행의 종류	이자율의 차이	발행금액과 액면금액의 관계
① 액면발행	액면이자율 = 시장이자율	발행금액 = 액면금액
② 할인발행	액면이자율 〈 시장이자율	발행금액 〈 액면금액
③ 할증발행	액면이자율 〉 시장이자율	발행금액 〉 액면금액

사채발행회사는 현재 현금이 부족하므로, 현금이자의 지급을 최대한 줄이고자 노력한다. 대신, 낮은 현금이자를 지급하는 것에 대한 보상적 성격으로 액면금액을 발행금액보다 크게 발행한다. 이는 사채발행회사가 만기에 발행금액보다 더 많은 원금을 상환하게 됨을 의미한다. 즉, 사채발행회사는 현금이자의 지급을 결정하는 액면이자율을 시장이자율보다 낮게 설

정하고자 하므로, 대부분 사채를 할인발행 하게 된다. 이러한 이유로 『본 교재에서는 사채의 할인발행에 대해서만 다루고자 한다.』

3. 사채의 할인발행

사채를 할인발행 했을 때 액면금액을 사채 계정의 대변에 기입하고, 사채 발행을 통해 조달한 금액인 발행금액을 현금 계정의 차변에 기록한다. 그리고 사채의 액면금액과 발행금액의 차액을 사채할인발행차금 차변에 기록하며, 사채할인발행차금은 사채(액면금액)의 차감계정이 된다.

(차)	현 금	××× (1)	(대) 사 채	××× (2)
	사채할인발행차금	××× (3)		

(1) 발행금액, (2) 액면금액, (3) 액면금액 − 발행금액

예 1

20×1년에 발행한 사채의 액면금액이 ₩10,000이고 발행금액이 ₩8,000일 때 회계처리를 한다.

사채의 액면금액이 ₩10,000이고 발행금액이 ₩8,000이므로 그 차액인 사채할인발행차금은 ₩2,000이다.

(차)	현 금	8,000 (1)	(대) 사 채	10,000 (2)
	사채할인발행차금	2,000 (3)		

사채의 장부금액은 사채의 액면금액 ₩10,000에서 사채의 차감계정(−)인 사채할인발행차금 ₩2,000을 차감한 ₩8,000이다.

구 분	20×1년
액 면 금 액	10,000
사채할인발행차금	(2,000)
장 부 금 액	8,000

예제 6.1 사채의 할인발행

㈜강남상사는 20×1년 1월 1일에 액면금액이 ₩1,000,000이고 액면이자율이 3%, 매년 말에 이자가 지급되는 3년 만기의 사채를 발행하였다. 단, 시장이자율은 4%이다.

【물 음】 사채를 발행하는 시점의 분개를 하시오. 단, 소수점 이하는 반올림하시오.

[단일금액 ₩1의 현재가치계산표]

구분	1%	2%	3%	4%	5%	6%	7%	8%	9%	10%	11%	12%
1년	0.9901	0.9804	0.9709	0.9615	0.9524	0.9434	0.9346	0.9259	0.9174	0.9091	0.9009	0.8929
2년	0.9803	0.9612	0.9426	0.9246	0.9070	0.8900	0.8734	0.8573	0.8417	0.8264	0.8116	0.7972
3년	0.9706	0.9423	0.9151	0.8890	0.8638	0.8396	0.8163	0.7938	0.7722	0.7513	0.7312	0.7118

[연금 ₩1의 현재가치계산표]

구분	1%	2%	3%	4%	5%	6%	7%	8%	9%	10%	11%	12%
1년	0.9901	0.9804	0.9709	0.9615	0.9524	0.9434	0.9346	0.9259	0.9174	0.9091	0.9009	0.8929
2년	1.9704	1.9416	1.9135	1.8861	1.8594	1.8334	1.8080	1.7833	1.7591	1.7355	1.7125	1.6901
3년	2.9410	2.8839	2.8286	2.7751	2.7232	2.6730	2.6243	2.5771	2.5313	2.4869	2.4437	2.4018

풀이

① 액면금액의 현재가치 = 액면금액 × 단일금액 ₩1의 현가계수

= ₩1,000,000 × 0.8890(단일금액, 3년, 4%) = ₩889,000

현금이자의 현재가치 = 현금이자 × 연금 ₩1의 현가계수

= (₩1,000,000 × 3%) × 2.7751(연금, 3년, 4%)

= (₩30,000) × 2.7751 = ₩83,253

사채의 발행금액 = 액면금액 현재가치 + 현금이자 현재가치

= ₩889,000 + ₩83,253 = ₩972,253

② 20×1년 1월 1일의 분개

(차) 현 금	972,253	(대) 사 채	1,000,000
사채할인발행차금	27,747		

☞ 사채할인발행차금 = 액면금액(사채) - 발행금액(현금)

= ₩1,000,000 - ₩972,253 = ₩27,747

사 채(20×1.1.1)	
	1/ 1 1,000,000

사채할인발행차금(20×1.1.1)	
1/ 1 27,747	

4 사채의 결산정리

1. 현금이자

현금으로 지급하는 이자는 발행 시 약속한 조건대로 액면금액에 액면이자율을 곱한 금액으로, 현금 계정의 대변에 기록한다.

현금이자 = 액면금액 × 액면이자율

2. 이자비용

사채의 결산정리란 회계기간 말에 사채의 이자비용에 대한 결산정리분개를 하는 것으로, 사채의 이자비용은 사채 발행시점의 시장이자율을 계속 적용하여야만 한다. 그 이유는 사채를 발행할 때 사채발행회사가 채권자와 상호 약속한 시장이자율을 계속 유지해야하기 때문이다.

사채의 이자비용은 전기 말 장부금액인 기초 장부금액에 시장이자율을 곱하여 계산하며, 사채할인발행차금의 상각으로 증가되는 사채의 장부금액에 대해서는 후반부에서 설명할 것이다.

이자비용 = 기초 장부금액 × 시장이자율[(1)]

(1) 사채 발행시점의 시장이자율

3. 사채할인발행차금의 상각(-)과 장부금액의 증가(+)

사채를 할인발행 하는 경우에 액면이자율이 시장이자율보다 낮기 때문에 현금이자 금액은 실제 이자비용 금액보다 작게 계산된다. 이 때 이자비용과 현금이자의 차액을 사채할인발행차금 계정 대변에 기입하며 이는 부채의 증가를 의미한다.

즉 사채발행 때 차변에 기록했던 사채할인발행차금에 대해 결산정리 때 대변에 기록함(사채할인발행차금의 상각(-))으로써, 사채의 장부금액은 증가(+)하게 된다. 이는 시장수익률보다 낮은 액면이자율로 현금이자를 지급한 것에 대한 보상으로 만기에 현금을 더 갚아야 한다는 의미이다. 이 때 대변에 기록되는 사채할인발행차금 금액을 상각액이라고 하며, 다음과 같이 처리된다.

사채할인발행차금의 상각액 = 이자비용 - 현금이자(현금)

(차) 이 자 비 용	×××	(대) 현 금	×××
		사채할인발행차금	×××

예제 6.2 사채의 결산정리

㈜친절은 20×1년 1월 1일에 액면금액이 ₩1,000,000이고 액면이자율이 3%, 매년 말에 이자가 지급되는 3년 만기의 사채를 발행하였다. 단, 시장이자율은 4%이다.

【물 음】 20×1년부터 20×3년까지 매년 말의 결산정리 분개를 하시오. 단, 소수점 이하는 반올림하시오.

풀이

① 사채할인발행차금이 발생할 경우 상각표를 작성하면 다음과 같다.

(단위: ₩)

	20×1.1.1	20×1.12.31	20×2.12.31	20×3.12.31
이 자 비 용		38,890	39,246	39,611(5)
현금이자(현금)		(30,000)	(30,000)	(30,000)
사채할인발행차금 상각액(-)		8,890(1)	9,246(3)	9,611(4)
장 부 금 액	972,253	981,143(2)	990,389	1,000,000

(1) 사채할인발행차금 상각액(20×1.12.31)
= 이자비용 - 현금이자
= [기초 장부금액 × 시장이자율] - [액면금액 × 액면이자율]
= ₩972,253 × 4% - ₩1,000,000 × 3% = ₩38,890 - ₩30,000 = ₩8,890

(2) 장부금액(20×1.12.31)
= 기초 장부금액 + 사채할인발행차금 상각액(-)
= ₩972,253 + ₩8,890 = ₩981,143

(3) 사채할인발행차금 상각액(20×2.12.31)
= ₩981,143 × 4% - ₩1,000,000 × 3% = ₩39,246 - ₩30,000 = ₩9,246

(4) 사채할인발행차금 상각액(20×3.12.31)
= 사채할인발행차금 총액 - 상각된 사채할인발행차금
= ₩27,747 - [₩8,890 + ₩9,246] = ₩9,611

(5) 이자비용(20×3.12.31)
= 현금이자 + 사채할인발행차금 상각액
= ₩30,000 + ₩9,611 = ₩39,611

☞ 현가계수는 반올림 값이므로 20×3년에는 기초 장부금액에 시장이자율을 곱하여 이자비용을 계산하면 오류가 발생할 수 있다. 따라서 20×3년의 사채할인발행차금 상각액은 사채할인발행차금 총액 ₩27,747에서 20×1년과 20×2년의 사채할인발행차금 상각액인 ₩8,890과 ₩9,246을 차감하여 산출하고, 20×3년의 이자비용은 현금이자에 사채할인발행차금 상각액을 가산하여 역으로 산출한다.

② 20×1년 12월 31일

(차) 이 자 비 용	38,890	(대) 현 금	30,000
		사채할인발행차금	8,890

사 채(20×1.12.31)

	1/ 1	1,000,000
	잔 액	1,000,000

사채할인발행차금(20×1.12.31)

1/ 1	27,747	12/31	8,890
잔 액	18,857		

구 분	20×1.12.31
액 면 금 액	1,000,000
사채할인발행차금	(18,857)
장 부 금 액	981,143

③ 20×2년 12월 31일

(차) 이 자 비 용	39,246	(대) 현 금	30,000
		사채할인발행차금	9,246

사 채(20×2.12.31)

	1/ 1	1,000,000
	잔 액	1,000,000

사채할인발행차금(20×2.12.31)

1/ 1	18,857	12/31	9,246
잔 액	9,611		

구 분	20×2.12.31
액 면 금 액	1,000,000
사채할인발행차금	(9,611)
장 부 금 액	990,389

④ 20×3년 12월 31일

(차) 이 자 비 용	39,611	(대) 현 금	30,000
		사채할인발행차금	9,611

사 채(20×3.12.31)

	1/ 1	1,000,000
	잔 액	1,000,000

사채할인발행차금(20×3.12.31)

1/ 1	9,611	12/31	9,611
잔 액	0		

구 분	20×3.12.31
액 면 금 액	1,000,000
사채할인발행차금	-
장 부 금 액	1,000,000

5 사채의 상환

만기상환은 사채의 만기가 되면 액면금액에 해당하는 현금을 상환하는 것이다. 사채의 만기가 되면 사채발행 시 설정하였던 사채할인발행차금이 전액 상각되어 소멸되므로 사채의 액면금액과 장부금액이 일치한다. 따라서 사채를 만기에 상환하면 액면금액을 사채 계정 차변에 기록하고, 동일한 금액을 현금 계정 대변에 기록하므로 상환관련 손익이 발생하지 않는다. 또한 사채를 만기 이전에 상환하는 것을 조기상환이라고 하는데, 『본 교재에서는 만기상환만 다루고자 한다.』

예제 6.3 사채의 만기상환

㈜친절은 20×1년 1월 1일에 액면금액이 ₩1,000,000이고 액면이자율이 3%, 매년 말에 이자가 지급되는 3년 만기의 사채를 발행하다. 단, 시장이자율은 4%이다.

【물 음】 20×3년 12월 31일에 사채를 만기상환 하는 경우에 상환 분개를 하시오. 단, 소수점 이하는 반올림하시오.

풀이

① 20×3년 12월 31일

(차) 사 채	1,000,000	(대) 현 금	1,000,000

사 채(20×3.12.31)

차변		대변	
12/31	1,000,000	1/ 1	1,000,000
		잔 액	0

사채할인발행차금(20×3.12.31)

차변		대변	
1/ 1	9,611	12/31	9,611
잔 액	0		

☞ 사채의 만기상환으로 사채와 사채할인발행차금의 잔액은 모두 '0'이 된다.

Ⅲ 기타 비유동부채

사채는 만기가 1년을 초과하는 대표적인 비유동부채이며, 이외에도 차입기간이 1년을 초과하는 장기차입금, 장기매입채무, 장기미지급금 등도 비유동부채로 구분된다. 본 절에서는 이들 비유동부채에 대한 개념만 살펴보고자 한다.

1 장기차입금

은행 등 금융기관이나 특정 채권자로부터 장기간동안 현금을 차입한 경우는 사채와 구분하기 위하여 장기차입금이라는 계정과목을 사용한다. 하지만 장기간 동안 자금을 차입하여 사용하는 경우에는 사채처럼 이자지급일, 이자율과 만기일 등이 차입 조건에 포함된다. 따라서 장기차입금에 대한 회계처리도 사채처럼 미래에 지급할 현금이자와 원금의 현재가치를 계산하여 이 금액을 장기차입금의 장부금액으로 보고한다. 그러나 사채에서는 액면금액과 발행금액의 차이를 사채할인발행차금이나 사채할증발행차금 계정을 사용하지만, 장기차입금의 경우에는 현재가치할인차금이나 현재가치할증차금 계정을 사용한다는 차이가 있다.

2 장기매입채무와 장기미지급금

매입채무와 미지급금은 재고자산이나 유형자산 등을 외상으로 구매하고 1년 이내에 지급하기로 약속한 경우에 사용하는 계정이므로 유동부채로 분류하는 것이 일반적이다. 그러나 재고자산이나 유형자산을 외상으로 매입하는 경우에도 금액이 매우 크거나 회사의 자금사정이 어려운 경우에는 상환기간이 장기인 경우도 발생할 수 있다. 이처럼 매입채무와 미지급금과 동일한 이유로 발생하는 채무 중에서 원금 상환일이 1년을 초과하는 경우에는 장기매입채무와 장기미지급금이라는 계정과목을 사용하고 비유동부채로 구분한다. 이 때 장기매입채무와 장기미지급금은 현재가치로 계산한 금액을 장부금액으로 보고하기 위해서, 장기차입금처럼 현재가치할인차금이나 현재가치할증차금 계정을 사용한다.

중국회계

중국과 한국은 할인(할증)차금에 대해 사용하는 계정과목명에 차이가 있으나 회계적 의미는 동일하다. 계정과목명의 차이는 다음 표와 같다.

채무 종류	한국회계기준	중국회계기준
사채	사채할인발행차금 / 사채할증발행차금	사채-이자조정
장기차입금	현재가치할인차금 / 현재가치할증차금	장기차입금-이자조정
장기매입채무		장기매입채무-이자조정
장기미지급금		장기미지급금-이자조정

연 / 습 / 문 / 제

6.1 사채의 발행

㈜강남상사는 20×1년 1월 1일에 액면금액이 ₩1,000,000이고 액면이자율이 10%, 매년 말에 이자가 지급되는 3년 만기의 사채를 발행하였다. 20×1년 1월 1일의 사채 발행에 대한 분개를 하시오. 단, 시장이자율은 12%이고 소수점 이하는 반올림하시오.

[단일금액 ₩1의 현재가치계산표]

구분	1%	2%	3%	4%	5%	6%	7%	8%	9%	10%	11%	12%
1년	0.9901	0.9804	0.9709	0.9615	0.9524	0.9434	0.9346	0.9259	0.9174	0.9091	0.9009	0.8929
2년	0.9803	0.9612	0.9426	0.9246	0.9070	0.8900	0.8734	0.8573	0.8417	0.8264	0.8116	0.7972
3년	0.9706	0.9423	0.9151	0.8890	0.8638	0.8396	0.8163	0.7938	0.7722	0.7513	0.7312	0.7118

[연금 ₩1의 현재가치계산표]

구분	1%	2%	3%	4%	5%	6%	7%	8%	9%	10%	11%	12%
1년	0.9901	0.9804	0.9709	0.9615	0.9524	0.9434	0.9346	0.9259	0.9174	0.9091	0.9009	0.8929
2년	1.9704	1.9416	1.9135	1.8861	1.8594	1.8334	1.8080	1.7833	1.7591	1.7355	1.7125	1.6901
3년	2.9410	2.8839	2.8286	2.7751	2.7232	2.6730	2.6243	2.5771	2.5313	2.4869	2.4437	2.4018

6.2 사채의 결산정리

㈜강남상사는 20×1년 1월 1일에 액면금액이 ₩1,000,000이고 액면이자율이 10%, 매년 말에 이자가 지급되는 3년 만기의 사채를 발행하였다. 20×1년부터 20×3년까지 매년 말의 결산정리 분개를 하시오. 단, 시장이자율은 12%이고 소수점 이하는 반올림하시오.

6.3 사채의 만기상환

㈜강남상사는 20×1년 1월 1일에 액면금액이 ₩1,000,000이고 액면이자율이 10%, 매년 말에 이자가 지급되는 3년 만기의 사채를 발행하였다. 20×3년 12월 31일에 사채를 상환할 경우의 분개를 하시오. 단, 시장이자율은 12%이고 소수점 이하는 반올림하시오.

6.4 사채의 회계처리

㈜강남서비스는 20×1년 1월 1일에 액면금액이 ₩2,000,000이고 액면이자율이 5%, 매년 말에 이자가 지급되는 3년 만기의 사채를 발행하였고 20×1년부터 20×3년까지 발생한 거래는 다음과 같다. ㈜강남서비스의 거래를 분개하시오. 단, 시장이자율은 6%이고 소수점 이하는 반올림하시오.

[단일금액 ₩1의 현재가치계산표]

구분	1%	2%	3%	4%	5%	6%	7%	8%	9%	10%	11%	12%
1년	0.9901	0.9804	0.9709	0.9615	0.9524	0.9434	0.9346	0.9259	0.9174	0.9091	0.9009	0.8929
2년	0.9803	0.9612	0.9426	0.9246	0.9070	0.8900	0.8734	0.8573	0.8417	0.8264	0.8116	0.7972
3년	0.9706	0.9423	0.9151	0.8890	0.8638	0.8396	0.8163	0.7938	0.7722	0.7513	0.7312	0.7118

[연금 ₩1의 현재가치계산표]

구분	1%	2%	3%	4%	5%	6%	7%	8%	9%	10%	11%	12%
1년	0.9901	0.9804	0.9709	0.9615	0.9524	0.9434	0.9346	0.9259	0.9174	0.9091	0.9009	0.8929
2년	1.9704	1.9416	1.9135	1.8861	1.8594	1.8334	1.8080	1.7833	1.7591	1.7355	1.7125	1.6901
3년	2.9410	2.8839	2.8286	2.7751	2.7232	2.6730	2.6243	2.5771	2.5313	2.4869	2.4437	2.4018

(1) 20×1년 1월 1일에 사채를 발행하다.

(2) 20×1년부터 20×3년까지 매년 말에 결산정리를 하다.

(3) 20×3년 12월 31일에 사채를 상환하다.

연 / 습 / 문 / 제 / 해 / 설

연습문제 6.1

① 액면이자율이 10%이므로 매년 현금이자(현금)는 ₩100,000(= ₩1,000,000 × 10%)이다. 또한 시장이자율이 12%이므로, 사채의 발행금액은 다음과 같이 ₩951,980으로 산출된다.

액면금액의 현재가치 =	₩1,000,000	× 0.7118(단일, 3년, 12%)	=	₩711,800
현금이자의 현재가치 =	₩100,000	× 2.4018(연금, 3년, 12%)	=	₩240,180
				₩951,980

(차) 현 금	951,980	(대) 사 채	1,000,000
사채할인발행차금	48,020		

연습문제 6.2

① 상각표의 작성: 액면이자율 10% 〈 시장이자율 12%

(단위: ₩)

	20×1.1.1	20×1.12.31	20×2.12.31	20×3.12.31
사채이자비용		114,238	115,946	117,836[(5)]
현금지급이자		(100,000)	(100,000)	(100,000)
사채할인발행차금 상각액		14,238[(1)]	15,946[(3)]	17,836[(4)]
장부금액	951,980	966,218[(2)]	982,164	1,000,000

(1) 사채할인발행차금 상각액(20×1.12.31)
= 이자비용 - 현금지급이자
= [기초 장부금액 × 시장이자율] - [액면금액 × 액면이자율]
= ₩951,980 × 12% - ₩1,000,000 × 10% = ₩14,238

(2) 장부금액(20×1.12.31)
= 기초 장부금액 + 사채할인발행차금 상각액
= ₩951,980 + ₩14,238 = ₩966,218

(3) 사채할인발행차금 상각액(20×2.12.31)
= ₩966,218 × 12% - ₩1,000,000 × 10% = ₩15,946

(4) 사채할인발행차금 상각액(20×3.12.31)
= 사채할인발행차금 총액 - 상각된 사채할인발행차금
= ₩48,020 - [₩14,238 + ₩15,946] = ₩17,836

(5) 이자비용(20×3.12.31)
= 현금이자 + 사채할인발행차금 상각액
= ₩100,000 + ₩17,836 = ₩117,836

② 20×1년 12월 31일 결산정리

(차) 이 자 비 용	114,238	(대) 현 금	100,000
		사채할인발행차금	14,238

사 채(20×1.12.31)	
	1/ 1 1,000,000
	잔 액 1,000,000

사채할인발행차금(20×1.12.31)	
1/ 1 48,020	12/31 14,238
잔 액 33,782	

구 분	20×1.12.31
액 면 금 액	1,000,000
사채할인발행차금	(33,782)
장 부 금 액	966,218

③ 20×2년 12월 31일 결산정리

(차) 이 자 비 용	115,946	(대) 현 금	100,000
		사채할인발행차금	15,946

사 채(20×2.12.31)	
	1/ 1 1,000,000
	잔 액 1,000,000

사채할인발행차금(20×2.12.31)	
1/ 1 33,782	12/31 15,946
잔 액 17,836	

구 분	20×2.12.31
액 면 금 액	1,000,000
사채할인발행차금	(17,836)
장 부 금 액	982,164

④ 20×3년 12월 31일 결산정리

(차) 이 자 비 용	117,836	(대) 현 금	100,000
		사채할인발행차금	17,836

사 채(20×3.12.31)	
	1/ 1 1,000,000
	잔 액 1,000,000

사채할인발행차금(20×3.12.31)	
1/ 1 17,836	12/31 17,836
잔 액 0	

구 분	20×3.12.31
액 면 금 액	1,000,000
사채할인발행차금	(0)
장 부 금 액	1,000,000

연습문제 6.3

① 20×3년 12월 31일 만기상환

(차) 사 채	1,000,000	(대) 현 금	1,000,000

사 채(20×3.12.31)

차변		대변	
12/31	1,000,000	1/ 1	1,000,000
		잔 액	0

사채할인발행차금(20×3.12.31)

차변		대변	
1/ 1	17,836	12/31	17,836
잔 액	0		

연습문제 6.4

(1) 20×1년 1월 1일에 사채를 발행하다.

☞ 액면이자율이 5%이므로 매년 현금이자(현금)는 ₩100,000(= ₩2,000,000 × 5%)이다. 또한 시장이자율이 6%이므로, 사채의 발행금액은 다음과 같이 ₩1,946,500으로 산출된다.

액면금액의 현재가치 = ₩2,000,000 × 0.8396(단일, 3년, 6%) = ₩1,679,200
현금이자의 현재가치 = ₩ 100,000 × 2.6730(연금, 3년, 6%) = ₩267,300
₩1,946,500

(차) 현 금	1,946,500	(대) 사 채	2,000,000
사채할인발행차금	53,500		

(2) 20×1년부터 20×3년까지 매년 말에 결산정리를 하다.

① 상각표의 작성: 액면이자율 5% 〈 시장이자율 6%

(단위: ₩)

	20×1.1.1	20×1.12.31	20×2.12.31	20×3.12.31
사채이자비용		116,790	117,797	118,913[5]
현금지급이자		(100,000)	(100,000)	(100,000)
사채할인발행차금 상각액		16,790[1]	17,797[3]	18,913[4]
장부금액	1,946,500	1,963,290[2]	1,981,087	2,000,000

(1) 사채할인발행차금 상각액(20×1.12.31)
= 이자비용 − 현금지급이자
= [기초 장부금액 × 시장이자율] − [액면금액 × 액면이자율]
= ₩1,946,500 × 6% − ₩2,000,000 × 5% = ₩16,790

(2) 장부금액(20×1.12.31)
= 기초 장부금액 + 사채할인발행차금 상각액
= ₩1,946,500 + ₩16,790 = ₩1,963,290

(3) 사채할인발행차금 상각액(20×2.12.31)
= ₩1,963,290 × 6% − ₩2,000,000 × 5% = ₩17,797

(4) 사채할인발행차금 상각액(20×3.12.31)
= 사채할인발행차금 총액 - 상각된 사채할인발행차금
= ₩53,500 - [₩16,790 + ₩17,797] = ₩18,913

(5) 이자비용(20×3.12.31)
= 현금이자 + 사채할인발행차금 상각액
= ₩100,000 + ₩18,913 = ₩118,913

② 20×1년 12월 31일 결산정리

(차) 이 자 비 용	116,790	(대) 현 금	100,000
		사채할인발행차금	16,790

사 채(20×1.12.31)

	1/ 1	1,000,000
	잔 액	1,000,000

사채할인발행차금(20×1.12.31)

1/ 1	53,500	12/31	16,790
잔 액	36,710		

구 분	20×1.12.31
액 면 금 액	2,000,000
사채할인발행차금	(36,710)
장 부 금 액	1,963,290

③ 20×2년 12월 31일 결산정리

(차) 이 자 비 용	117,797	(대) 현 금	100,000
		사채할인발행차금	17,797

사 채(20×2.12.31)

	1/ 1	2,000,000
	잔 액	2,000,000

사채할인발행차금(20×2.12.31)

1/ 1	36,710	12/31	17,797
잔 액	18,913		

구 분	20×2.12.31
액 면 금 액	2,000,000
사채할인발행차금	(18,913)
장 부 금 액	1,981,087

④ 20×3년 12월 31일 결산정리

(차) 이 자 비 용	118,913	(대) 현 금	100,000
		사채할인발행차금	18,913

사 채(20×3.12.31)

	1/ 1	2,000,000
	잔 액	2,000,000

사채할인발행차금(20×3.12.31)

1/ 1	18,913	12/31	18,913
잔 액	0		

구 분	20×3.12.31
액 면 금 액	2,000,000
사채할인발행차금	(0)
장 부 금 액	2,000,000

(3) 20×3년 12월 31일에 사채를 상환하다.

(차) 사 채	2,000,000	(대) 현 금	2,000,000

사 채(20×3.12.31)

차변		대변	
12/31	2,000,000	1/ 1	2,000,000
		잔 액	0

사채할인발행차금(20×3.12.31)

차변		대변	
1/ 1	18,913	12/31	18,913
잔 액	0		

제7장

자 본

Ⅰ. 자본의 의의 및 분류

Ⅱ. 자본거래

Ⅲ. 손익거래

I 자본의 의의 및 분류

1 자본의 의의

자본equity은 자산에 대한 소유주의 청구권으로, 자산에서 부채를 차감하고 남은 금액이라고 볼 수 있다. 이러한 특성 때문에 '순자산net asset' 또는 잔여지분residual equity이라고 부른다. 따라서 자본은 독립적인 개념으로 정의하지 않고 자산에 대한 상대적인 개념으로 정의하는데, 이처럼 자본을 정의하는 이유는 기업과 소유주의 관계가 독립적이지 않기 때문이다.

기업의 소유주owner는 기업의 경영에서 발생하는 위험에 대해 주된 책임을 지고 경영에서 발생하는 손익을 배분받는 주체이므로, 기업의 경영성과에 의해 영향을 받지 않는 고객이나 채권자와 달리 기업과 소유주의 관계는 독립적이지 않다. 따라서 소유주가 기업에 제공하는 자금은 '자기자본'이라고도 하며, 오늘날 대규모 기업이 대부분 주식회사 형태를 취하므로 기업의 소유주가 주주임을 강조하여 '주주지분stockholders' equity'으로 부르기도 한다. 따라서 기업과 소유주간의 거래에 대해서 수익이나 비용을 인식할 수 없다.

> 자본(순자산, 잔여지분, 자기자본, 잔여지분, 주주지분) = 자산 - 부채

2 자본의 분류

회계기준에서는 자본을 납입자본, 이익잉여금과 기타자본구성요소로 분류한다. 여기서 납입자본share capital이란 소유주들이 실제로 기업에 제공한 자본을 의미하며, 이익잉여금retained earnings이란 기업이 경영활동을 통해 창출한 순이익에서 배당 등을 차감한 금액을 의미한다. 또한 기타자본구성요소other components of equity는 납입자본과 이익잉여금을 제외한 기타의 자본항목들을 모두 포함한다.

자본의 분류와 관련하여 자본의 변동에 영향을 주는 거래는 두 가지로, 자본거래와 손익거래이다. ① 자본거래capital transaction는 기업과 소유주인 주주와의 거래로 증자, 감자 및 자기주식과 관련된 거래가 해당되고, ② 손익거래profit and loss transaction는 수익이나 비용이 발생하는 거래이다. 자세한 내용은 각각 2절과 3절에서 설명한다.

회계기준은 자본의 공시와 관련하여 기업의 재량권을 인정하고 있기 때문에, 실무적으로 자본을 분류하고 공시하는 방법은 다양하다. [표 7-1]은 회계원리 수준에서 접근 가능한 자본을 분류하고 관련 계정과목을 제시한다.

▼ 표 7-1 | 자본의 분류 및 관련 계정과목

구 분	관련 계정과목
자본금	자본금
자본잉여금 (주식발행초과금)	주식발행초과금, 감자차익, 자기주식처분이익
자본조정	주식할인발행차금, 감자차손, 자기주식처분손실, 자기주식
이익잉여금	이익준비금, 임의적립금, 미처분이익잉여금

[표 7-1]에 제시된 계정과목과 관련하여 실제 기업들의 빈도와 금액 측면에서 자본금, 주식발행초과금, 이익준비금과 미처분이익잉여금의 비중이 절대적으로 높다. 따라서 『본 교재에서는 자본금, 주식발행초과금, 이익준비금과 미처분이익잉여금 위주의 회계처리만 설명하고 다른 계정들에 대해서는 용어만 설명한다.』

요약하면, 기업은 자본을 공시할 때 자본금, 자본잉여금, 자본조정과 이익잉여금 등으로 분류하며, 특히 자본금, 주식발행초과금, 이익준비금과 미처분이익잉여금 등이 자본의 대부분을 구성한다. 다만 감자차익과 자기주식처분이익이 '₩0'인 기업이 많은데, 이러한 기업은 자본잉여금 대신에 주식발행초과금만 공시한다.

중국회계

자본과 관련한 중국회계기준과 한국회계기준의 차이점:

1. 자기주식: '자본조정'에 포함되는 대신 '자본금'의 차감계정으로 분류되며 공시할 때도 별도로 표시된다.
2. 자본잉여금: 총계정원장 계정인 자본잉여금에는 '자본초과금' 과 '기타자본잉여금'의 두 가지 보조원장 계정이 있다.
   그 중에 (1) 주식발행초과금이 발생하는 경우는 한국회계기준과 동일하게 '자본초과금'에 포함되는데 중국 상법에서는 주식할인발행을 금지하기 때문에 '주식할인발행차금'은 나타나지 않는다. (2) 감자차익/차손 또는 자기주식처분이익/손실이 발생하는 경우 그 손익 여부를 구분하지 않고 모두 '자본초과금'으로 분류한다. 즉, 이익 발생시 대변에, 손실 발생시 차변에 기록한다. (3) 기타자본잉여금 계정은 '자본초과금' 계정에 들어가는 항목을 제외한 자본잉여금 변동을 유발하는 모든 거래가 포함된다. (4) 중국회계기준에서는 자본조정이라는 계정과목이 없다.
3. 이익잉여금: 적립금과 미처분이익잉여금을 구분해서 따로 보고해야 한다.
4. 자본을 공시할 때 재량권이 없으며 정해진 항목대로 보고해야 한다.

II 자본거래

본 교재에서는 기업과 소유주인 주주와의 거래 중에서 가장 대표적인 거래라고 할 수 있는 주식발행에 대한 회계처리를 설명하고, 기타의 거래에 대해서는 용어만 설명한다.

1 주식발행

증자capital increase란 자금을 조달하기 위해 주식을 발행하여 자본을 증가시키는 것으로, 주주들에게 그 대가를 '유상'으로 받으면 유상증자capital increase with consideration라고 한다. 기업이 유상증자를 하게 되면 현금 등 자산과 자본이 함께 증가하게 된다. 한편, 주주들에게 아무런 대가를 받지 않고 주식을 발행하여 지급하는 거래는 무상증자capital increase without consideration라고 한다.

1. 자본금

유상증자가 발생하면, 조달한 현금만큼 자본금capital stock이 증가하는 것은 아니라, 1주당 액면금액par value에 발행주식수를 곱한 금액만큼 증가한다. 여기서 액면금액이란 주주로부터 실제 조달한 금액이 아니라 주식 1매에 표시되어 있는 금액이며, 발행주식수issued shares는 실제로 발행한 주식수를 의미한다.

자본금 = 1주당 액면금액 × 발행주식수

중국회계

중국에서 1주당 액면금액은 무조건 1위안이다. 중국 상하이 증권거래소 또는 중국 심천증권 거래소에서 유통되는 주식 액면금액은 모두 주당 1위안이며 발행주식수를 쉽게 계산해서 투자비율을 결정하기 위한 규정이다. 단, 중국과 달리 대부분 나라의 주식 액면금액은 회사가 스스로 결정할 수 있다.

2. 주식발행초과금

주식발행초과금capital in excess of par value은 유상증자 시 주식의 발행금액이 액면금액을 초과하는 경우에 그 초과금액을 의미하며, 주식의 발행금액이란 유상증자를 통해서 조달된 현금을 의미한다. 또한 주식발행초과금은 주주와의 거래에 발생하는 자본거래이므로 자본항목인 자본잉여금capital surplus으로 구분한다.

주식발행초과금 = (1주당 발행금액 - 1주당 액면금액) × 발행주식수

예 1

주식의 1주당 액면금액이 ₩5,000인 주식 1주를 발행하고 ₩8,000의 현금을 수취할 때 회계처리를 한다.

1주당 액면금액이 ₩5,000인 주식 1주를 발행하고 ₩8,000의 현금을 수취하는 경우에, 액면금액인 ₩5,000만큼 자본금을 증가(+)시키고, 발행금액인 ₩8,000에서 액면금액 ₩5,000을 차감한 주식발행초과금 ₩3,000을 증가(+)시킨다. 자본금과 주식발행초과금은 모두 자본이므로 증가(+)하면 대변에 기록한다.

(차) 현 금[(1)]	8,000	(대) 자 본 금[(2)]	5,000
		주식발행초과금[(3)]	3,000

(1) 발행금액, (2) 액면금액, (3) 주식발행초과금 = 발행금액 - 액면금액*

* 중국회계에서는 자본잉여금-자본초과금 이라는 계정과목을 사용한다.

주식을 발행하면 주식 발행과 관련하여 지출된 수수료, 인쇄비 등의 주식발행비capital stock issue costs가 발생하므로, 주식발행을 통해서 실제로 조달되는 현금은 주식발행비를 차감한 잔액이 된다. 따라서 주식발행비는 주식발행초과금을 감소시키게 된다.

예 2

주식의 1주당 액면금액이 ₩5,000인 주식 1주를 발행하고 ₩8,000의 현금을 수취할 때 회계처리를 한다. 단, 주식발행비로 ₩1,000이 발생하다.

주식발행비 ₩1,000이 발생하므로 실제로 수취한 현금은 ₩7,000(= ₩8,000 - ₩1,000)으로, 발행금액이 ₩7,000으로 변경된다. 또한 액면금액인 ₩5,000만큼 자본금을 대변에 기록하고, 발행금액인 ₩7,000에서 액면금액 ₩5,000을 차감한 주식발행초과금 ₩2,000을 대변에 기록한다.

(차) 현 금[(1)]	7,000	(대) 자 본 금[(2)]	5,000
		주식발행초과금[(3)]	2,000

(1) 발행금액, (2) 액면금액, (3) 주식발행초과금 = 발행금액 - 액면금액

예제 7.1 **주식발행**

20×1년 1월 1일에 영업을 시작한 ㈜강남상사는 20×1년 1월 1일에 1주당 액면금액 ₩5,000인 주식을 1주당 현금 ₩7,000을 수취하고 발행하다. 발행주식수는 1,000주이다.

【물 음】 다음 조건에 따라 ㈜강남상사의 주식거래를 분개하시오. 각각의 거래는 서로 독립적이다.

① 주식발행비가 없는 경우
② 주식발행비가 ₩1,000,000인 경우

풀이

① 주식발행비가 없는 경우
발행금액(현금) = ₩7,000 × 1,000주 = ₩7,000,000
액면금액(자본금) = ₩5,000 × 1,000주 = ₩5,000,000
주식발행초과금 = 발행금액 - 액면금액 = ₩2,000,000

(차) 현 금	7,000,000	(대) 자 본 금	5,000,000
		주식발행초과금	2,000,000

② 주식발행비가 ₩1,000,000인 경우
발행금액(현금) = ₩7,000 × 1,000주 - ₩1,000,000 = ₩6,000,000
액면금액(자본금) = ₩5,000 × 1,000주 = ₩5,000,000
주식발행초과금 = 발행금액 - 액면금액 = ₩1,000,000

(차) 현 금	6,000,000	(대) 자 본 금	5,000,000
		주식발행초과금	1,000,000

2 기타 자본거래

1. 자기주식

자기주식treasury stock이란 주식회사가 이미 발행한 자사의 주식을 취득하여 보유하고 있는 것을 말하며, 자기주식은 의결권이 제한되며 배당도 지급하지 않는다. 회사가 자기주식을 취득하는 이유는 주가관리 또는 주식을 취득한 후 소각할 목적 등이 있다. 일반적으로 회사가 자사의 주식을 취득하면 시장에 유통되는 주식수가 줄어들기 때문에 1주당 주가는 상승하는 경향이 있다.

자기주식의 취득은 주식을 보유하고 있는 주주에게 대가를 지급하고 주식을 회수하는 것이므로 주주에 대한 자본의 환급에 해당한다. 따라서 어떤 목적으로 자기주식을 취득하더라도 자기주식은 자본의 감소(-)로 회계처리하고 자본조정으로 구분한다.

자기주식의 취득목적에 따라 ① 소각incineration을 하는 경우와 ② 처분을 하는 경우로 분류하며, 자세한 것은 다음 2.3과 같다.

> **중국회계**
>
> 기업이 자기주식을 통해 주가를 조작하는 것을 방지하기 위해 중국 회사법에는 아래와 같은 규정이 있다.
>
> 주식회사가 다음 상황 중에 하나가 발생하지 않으면 자기주식을 취득할 수 없다:
> 1. 회사의 자본금 감소
> 2. 회사의 주식을 보유한 다른 회사와의 합병
> 3. 회사 직원에게 주식 부여
> 4. 주주가 주주총회에서 회사의 합병 또는 분할 결의에 동의하지 않아 회사에 주식 매입을 요청하는 경우
>
> 그러므로 중국 기업은 주가관리만의 목적으로 자기주식을 취득하는 것이 법적으로 금지되어 있다.

2. 감자차익과 감자차손

회사가 주식의 소각을 목적으로 자기주식을 취득한 후에 실제로 소각을 하면, 자본금을 감소시키는 회계처리를 한다. 자기주식을 액면금액보다 싸게 취득한 경우에는 감자차익gain on capital reduction이 발생하고, 액면금액보다 비싸게 취득한 경우에는 감자차손loss on capital reduction이 발생한다. 감자차익은 자본잉여금으로, 감자차손은 자본조정으로 구분한다.

3. 자기주식처분이익과 자기주식처분손실

자기주식의 취득목적이 소각이 아닌 경우에는 자기주식을 주식시장에 다시 매각할 것이며, 이 때 자기주식의 처분에 대한 회계처리를 한다. 회사가 자기주식을 취득금액보다 비싸게 처분하면 자기주식처분이익gain on sale of treasury stock이 발생하고, 취득금액보다 싸게 처분하면 자기주식처분손실loss on sale of treasury stock이 발생한다. 자기주식처분이익은 자본잉여금으로, 자기주식처분손실은 자본조정으로 구분한다.

> **중국회계**
>
> 앞서 언급한 바와 같이 중국회계기준에는 자본항목 중에 자본조정이라는 계정과목이 없다. 주식발행초과금뿐만 아니라, 감자차익/차손 또는 자기주식처분이익/손실도 '자본잉여금—자본초과금' 계정에 포함되며, 이익 발생시 대변에, 손실 발생시 차변에 기록한다.

Ⅲ 손익거래

1 손익거래와 미처분이익잉여금

‘3장 4절 마감분개’에서 설명한 것처럼, 수익 및 비용과 관련된 모든 계정의 잔액들을 집합손익 계정에 취합하므로, 집합손익 계정의 잔액은 손익계산서에 공시하는 당기순이익(손실) 금액과 일치한다. 그리고 당기순이익(손실)은 기업의 소유주인 주주에게 귀속되므로, 자본의 증가(감소)에 대한 회계처리를 해야 한다.

따라서 기중에 발생한 당기순이익(손실)을 기말에 자본에 반영하기 위해서 마감분개를 하는데, 이 때 사용하는 계정이 미처분이익잉여금이다. 미처분이익잉여금unappropriated earned surplus은 기중에 발생한 당기순이익(손실)을 적립하였지만 아직 어떻게 처분할지가 결정되지 않은 상태의 이익잉여금이란 의미이며, 미처분이익잉여금에 대한 처분은 주주총회에서 주주들이 결정한다. 일반적으로 주주총회는 회계기간이 종료된 후 다음의 회계기간 중에 열리므로, 당기의 재무상태표에 보고되는 미처분이익잉여금 금액은 당기순이익(손실)이 적립만 된 상태의 금액이다.

이러한 당기의 재무상태표에 보고된 미처분이익잉여금은 차기 회계연도에 열리는 주주총회의 결정에 따라 ① 현금배당을 통해 기업외부로 유출되거나, ② 법률 또는 회사의 목적에 따라 정한 적립금으로 전환되거나, ③ 그대로 미처분이익잉여금으로 남게 된다. 이를 미처분이익잉여금의 처분이라고 한다.

2 미처분이익잉여금의 회계처리

1. 집합손익 계정의 마감

집합손익의 마감은 집합손익을 미처분이익잉여금으로 이전하는 분개를 한다.

예 3

㈜강남상사의 20×1년 당기순이익이 ₩10,000,000으로 나타났을 때 마감분개를 한다.

㈜강남상사의 20×1년 당기순이익이 ₩10,000,000이므로, 집합손익을 감소(-)시키고 미처분이익잉여금을 증가(+)시키는 분개를 한다.

(차) 집 합 손 익	10,000,000	(대) 미처분이익잉여금	10,000,000

당기순이익(손실) 금액과 일치하는 집합손익의 잔액은 이익과 손실처럼, 당기순이익이 발생하면 대변에 기록한다. 따라서 집합손익을 감소(-)시키려면 위 분개처럼 차변에 기록한다. 또한 미처분이익잉여금은 자본이므로 증가(+)하면 대변에 기록한다.

2. 미처분이익잉여금의 처분

① 현금배당

배당dividends은 기업의 이익 중 일부를 주주들에게 지급하는 것이며, 미처분이익잉여금의 처분에 해당된다. 배당에는 현금으로 배당금을 지급하는 현금배당cash dividends과 주식으로 배당금을 지급하는 주식배당stock dividends이 있는데, 본 교재에서는 현금배당에 대한 회계처리만 설명한다.

중국회계

중국에서는 기업이 보유하고 있는 현금 이외의 기타자산 즉, 유가증권 등을 배당하는 재산배당도 존재한다.

예 4

㈜강남상사가 20×2년 2월 1일 주주총회일에 배당금 ₩100,000을 결의하고, 20×2년 4월 1일에 배당금을 현금으로 지급할 때 분개를 하다.

첫째, 주주총회일에 배당을 결의하면 미처분이익잉여금을 감소(-)시키는 동시에 미지급배당금이라는 유동부채를 인식하는 분개를 한다.

[20×2년 2월 1일]: 배당금 결의일

(차) 미처분이익잉여금	100,000	(대) 미 지 급 배 당 금	100,000

둘째, 배당금을 실제로 지급하는 날에 유동부채인 미지급배당금을 감소(-)시키고 현금을 감소(-)시키는 분개를 한다.

[20×2년 4월 1일]: 배당금 지급일

(차) 미 지 급 배 당 금	100,000	(대) 현 금	100,000

② 적립금

이익잉여금에 속하는 적립금은 법정적립금과 임의적립금으로 분류한다. 주주총회에서 미처분이익잉여금을 적립금으로 전환하는 처분결정을 하면, 미처분이익잉여금이 감소(-)하는 동시에 해당 금액만큼 적립금이 증가(+)한다. 미처분이익잉여금과 적립금은 모두 이익잉여금에 해당되므로, 이익잉여금의 전체 금액에는 변화가 없다.

법정적립금statutory reserves은 법으로 강제되는 적립금으로, 상법에 따른 이익준비금과 기타법정적립금 등이 있다. 상법에 따르면 이익준비금legal reserves은 현금배당액의 10% 이상을 자본금의 50%에 달할 때까지 적립해야만 한다. 임의적립금voluntary reserves은 사업의 확장이나 부채의 상환 등을 목적으로 정관 등에서 기업이 임의로 설정하는 적립금이다. 본서에서는 이익준비금 적립에 대한 회계처리만 설명한다.

예 5

㈜강남상사가 20×2년 2월 1일 주주총회일에 이익준비금 ₩200,000을 적립하기로 결의할 때 분개를 하다.

첫째, 주주총회일에 배당을 결의하면 미처분이익잉여금을 감소(-)시키는 동시에 적립금으로 이익준비금을 인식하는 분개를 한다.

[20×2년 2월 1일]: 이익준비금의 적립

(차) 미처분이익잉여금	200,000	(대) 이 익 준 비 금	200,000

③ 기말 미처분이익잉여금

미처분이익잉여금은 주주총회에서 결의한 현금배당과 적립금만큼 감소된다. 만약 미처분이익잉여금을 처분하고 남으면, 당기순이익(손실)과 합산되어 기말 미처분이익잉여금을 구성한다.

미처분이익잉여금(기말) = 미처분이익잉여금(기초)
- 현금배당, 적립금
+ 당기순이익(손실)

예제 7.2 미처분이익잉여금의 처분

20×1년 1월 1일에 영업을 시작한 ㈜강남상사는 다음과 같은 거래를 하다.

① 20×1. 1. 1: 1주당 액면금액 ₩5,000인 주식 1,000주를 주당 ₩8,000에 발행하다.
② 20×1.12.31: 20×1년의 당기순이익은 ₩6,000,000으로, 집합손익 계정을 마감하다.
③ 20×2. 2. 1: 이사회의 승인대로 정기주주총회에서 이익준비금 ₩1,000,000을 적립하고, 현금배당 ₩2,000,000을 지급하기로 결의하다.
④ 20×2. 3. 1: 현금배당 ₩2,000,000을 주주들에게 지급하다.
⑤ 20×2.12.31: 20×2년의 당기순이익은 ₩4,000,000으로, 집합손익 계정을 마감하다.

【물 음】 거래를 분개하고, 20×1년과 20×2년의 자본부분의 재무상태표를 작성하시오.

풀이

① 20×1. 1. 1: 1주당 액면금액 ₩5,000인 주식 1,000주를 주당 ₩8,000에 발행하다.

(차) 현 금	8,000,000	(대) 자 본 금	5,000,000
		주식발행초과금	3,000,000

② 20×1.12.31: 20×1년의 당기순이익은 ₩6,000,000으로, 집합손익 계정을 마감하다.

(차) 집 합 손 익	6,000,000	(대) 미처분이익잉여금	6,000,000

자 본 금

	1/ 1 5,000,000
	잔 액 5,000,000

주식발행초과금

	1/ 1 3,000,000
	잔 액 3,000,000

미처분이익잉여금

	12/31 6,000,000
	잔 액 6,000,000

☞ 자본잉여금에 주식발행초과금만 있는 경우에는 자본잉여금 대신 주식발행초과금을 표시하고, 미처분이익잉여금 ₩6,000,000은 모두 이익잉여금으로 구분된다.

재무상태표(자본부분)

제1기 20×1년 12월 31일 현재

㈜강남상사 (단위: ₩)

과 목	제1기	
자 본		
자 본 금	5,000,000	
주식발행초과금	3,000,000	
이 익 잉 여 금	6,000,000	
자 본 총 계	14,000,000	

③ 20×2. 2. 1: 이사회의 승인대로 정기주주총회에서 이익준비금 ₩1,000,000을 적립하고, 현금배당 ₩2,000,000을 지급하기로 결의하다.

(차) 미처분이익잉여금	3,000,000	(대) 이 익 준 비 금	1,000,000
		미 지 급 배 당 금	2,000,000

④ 20×2. 3. 1: 현금배당 ₩2,000,000을 주주들에게 지급하다.

(차) 미 지 급 배 당 금	2,000,000	(대) 현 금	2,000,000

⑤ 20×2.12.31: 20×2년의 당기순이익은 ₩4,000,000으로, 집합손익 계정을 마감하다.

(차) 집 합 손 익	4,000,000	(대) 미처분이익잉여금	4,000,000

자 본 금

	1/ 1 5,000,000
	잔 액 5,000,000

주식발행초과금

	1/ 1 3,000,000
	잔 액 3,000,000

미처분이익잉여금

2/ 1 3,000,000	1/ 1 6,000,000
	12/31 4,000,000
	잔 액 7,000,000

이익준비금

	2/ 1 1,000,000
	잔 액 1,000,000

☞ 미처분이익잉여금(기말) = 미처분이익잉여금(기초) - 현금배당, 적립금 + 당기순이익(손실)
= ₩6,000,000 - ₩3,000,000 + ₩4,000,000
= ₩7,000,000

재무상태표(자본부분)

제2기 20×2년 12월 31일 현재
제1기 20×1년 12월 31일 현재

㈜강남상사 (단위: ₩)

과 목	제2기	제1기
자 본		
자 본 금	5,000,000	5,000,000
주식발행초과금	3,000,000	3,000,000
이 익 잉 여 금	8,000,000	6,000,000
자 본 총 계	16,000,000	14,000,000

☞ 이익잉여금 = 이익준비금 + 미처분이익잉여금(기말)
= ₩1,000,000 + ₩7,000,000
= ₩8,000,000

중국회계

앞서 언급한 바와 같이 중국회계기준에 따른 재무상태표 자본 항목구성은 규정된 대로 표시되어야만 한다. 위의 예제를 이용해서 중국 재무상태표 자본에 대한 보고 형식을 보여준다.

재무상태표(자본부분)

제2기 20×2년 12월 31일 현재
제1기 20×1년 12월 31일 현재

㈜강남상사 (단위: ₩)

과 목	제2기	제1기
자 본		
자 본 금	5,000,000	5,000,000
자본잉여금-자본초과금	3,000,000	3,000,000
법 정 적 립 금	1,000,000	-
미처분이익잉여금	7,000,000	6,000,000
자 본 총 계	16,000,000	14,000,000

연 / 습 / 문 / 제

7.1 자본거래

20×1년 1월 1일에 영업을 시작한 ㈜강남서비스의 다음 거래를 분개하고 재무상태표(자본부분)를 작성하시오. 단, 이외의 거래는 고려하지 않는다.

① 20×1. 1. 1: 주식 5,000주를 1주당 ₩7,000(1주당 액면금액 ₩5,000)에 발행하여 회사를 설립하다.

② 20×1. 3. 1: 주식 5,000주를 1주당 ₩10,000(1주당 액면금액 ₩5,000)에 발행하고, 주주들로부터 받은 현금 중에서 ₩5,000,000을 증권사와 광고회사 등에 주식발행비로 지급하다.

③ 20×1.12.31: 20×1년 당기순이익은 ₩10,000,000으로, 집합손익 계정을 마감하다.

7.2 손익거래

[연습 7.1]의 ㈜강남서비스의 20×1년의 거래와 20×2년에 발생한 다음의 거래를 참조하여, 20×2년의 거래에 대한 분개를 하고 재무상태표(자본부분)를 작성하시오. 단, 이외의 거래는 고려하지 않는다.

① 20×2. 2. 1: 이사회의 승인대로 정기주주총회에서 이익준비금 ₩7,000,000을 적립하기로 결의하고, 현금배당 ₩3,000,000은 결의와 동시에 지급하다.

② 20×2.12.31: 20×2년 당기순이익은 ₩20,000,000으로, 집합손익 계정을 마감하다.

7.3 자본거래와 손익거래

20×1년 1월 1일에 영업을 시작한 ㈜강남상사의 다음 거래를 분개하고 재무상태표(자본부분)를 작성하시오. 단, 이외의 거래는 고려하지 않는다.

① 20×1. 1. 1: 1주당 액면금액 ₩5,000인 주식 1,000주를 주당 ₩7,000에 발행하다. 단, 주식발행비로 현금 ₩500,000을 증권사에 지급하다.

② 20×1.12.31: 20×1년의 당기순이익은 ₩5,000,000으로, 집합손익 계정을 마감하다.

③ 20×2. 2. 1: 이사회의 승인대로 정기주주총회에서 이익준비금 ₩500,000을 적립하고, 현금배당 ₩1,000,000을 지급하기로 결의하다.

④ 20×2. 3. 1: 현금배당 ₩1,000,000을 주주들에게 지급하다.

⑤ 20×2.12.31: 20×2년의 당기순이익은 ₩3,000,000으로, 집합손익 계정을 마감하다.

연/습/문/제/해/설

연습문제 7.1

① 20×1. 1. 1: 주식 5,000주를 1주당 ₩7,000(1주당 액면금액 ₩5,000)에 발행하여 회사를 설립하다.

발행금액(현금) = ₩7,000 × 5,000주 = ₩35,000,000

액면금액(자본금) = ₩5,000 × 5,000주 = ₩25,000,000

주식발행초과금 = 발행금액 - 액면금액 = ₩10,000,000

(차) 현 금	35,000,000	(대) 자 본 금	25,000,000
		주식발행초과금	10,000,000

② 20×1. 3. 1: 주식 5,000주를 1주당 ₩10,000(1주당 액면금액 ₩5,000)에 발행하고, 주주들로부터 받은 현금 중에서 ₩5,000,000을 증권사 등에 주식발행비로 지급하다.

발행금액(현금) = ₩10,000 × 5,000주 - ₩5,000,000 = ₩45,000,000

액면금액(자본금) = ₩5,000 × 5,000주 = ₩25,000,000

주식발행초과금 = 발행금액 - 액면금액 = ₩20,000,000

(차) 현 금	45,000,000	(대) 자 본 금	25,000,000
		주식발행초과금	20,000,000

③ 20×1.12.31: 20×1년 당기순이익은 ₩10,000,000으로, 집합손익 계정을 마감하다.

(차) 집 합 손 익	10,000,000	(대) 미처분이익잉여금	10,000,000

자 본 금

	1/ 1	25,000,000
	3/ 1	25,000,000
	잔 액	50,000,000

주식발행초과금

	1/ 1	10,000,000
	3/ 1	20,000,000
	잔 액	30,000,000

미처분이익잉여금

	12/31	10,000,000
	잔 액	10,000,000

☞ 자본잉여금에 주식발행초과금만 있는 경우에는 자본잉여금 대신 주식발행초과금을 표시하고, 미처분이익잉여금 ₩10,000,000은 모두 이익잉여금으로 구분된다.

재무상태표(자본부분)

제1기 20×1년 12월 31일 현재

㈜강남서비스 (단위: ₩)

과 목	제1기	
자 본		
자 본 금	50,000,000	
주식발행초과금	30,000,000	
이 익 잉 여 금	10,000,000	
자 본 총 계	90,000,000	

연습문제 7.2

① 20×2. 2. 1: 이사회의 승인대로 정기주주총회에서 이익준비금 ₩7,000,000을 적립하기로 결의하고, 현금배당 ₩3,000,000은 결의와 동시에 지급하다.

(차) 미처분이익잉여금	10,000,000	(대) 이 익 준 비 금	7,000,000
		현 금	3,000,000

② 20×2.12.31: 20×2년 당기순이익은 ₩20,000,000으로, 집합손익 계정을 마감하다.

(차) 집 합 손 익	20,000,000	(대) 미처분이익잉여금	20,000,000

자 본 금

차변	대변
	1/ 1 50,000,000
	잔 액 50,000,000

주식발행초과금

차변	대변
	1/ 1 30,000,000
	잔 액 30,000,000

미처분이익잉여금

차변	대변
2/ 1 10,000,000	1/ 1 10,000,000
	12/31 20,000,000
	잔 액 20,000,000

이익준비금

차변	대변
	2/ 1 7,000,000
	잔 액 7,000,000

☞ 미처분이익잉여금(기말) = 미처분이익잉여금(기초) - 현금배당, 적립금 + 당기순이익(손실)
= ₩10,000,000 - ₩10,000,000 + ₩20,000,000
= ₩20,000,000

재무상태표(자본부분)

제2기 20×2년 12월 31일 현재
제1기 20×1년 12월 31일 현재

㈜강남서비스 (단위: ₩)

과 목	제1기	제1기
자 본		
자 본 금	50,000,000	50,000,000
주식발행초과금	30,000,000	30,000,000
이 익 잉 여 금	27,000,000	10,000,000
자 본 총 계	107,000,000	90,000,000

☞ 이익잉여금 = 이익준비금 + 미처분이익잉여금(기말)
= ₩7,000,000 + ₩20,000,000
= ₩27,000,000

연습문제 7.3

① 20×1. 1. 1: 1주당 액면금액 ₩5,000인 주식 1,000주를 주당 ₩7,000에 발행하다. 단, 주식발행비로 현금 ₩500,000을 증권사에 지급하다.

발행금액(현금) = ₩7,000 × 1,000주 - ₩500,000 = ₩6,500,000

액면금액(자본금) = ₩5,000 × 1,000주 = ₩5,000,000

주식발행초과금 = 발행금액 - 액면금액 = ₩1,500,000

(차) 현 금	6,500,000	(대) 자 본 금	5,000,000
		주식발행초과금	1,500,000

② 20×1.12.31: 20×1년의 당기순이익은 ₩5,000,000으로, 집합손익 계정을 마감하다.

(차) 집 합 손 익	5,000,000	(대) 미처분이익잉여금	5,000,000

자 본 금

	1/ 1 5,000,000
	잔 액 5,000,000

주식발행초과금

	1/ 1 1,500,000
	잔 액 1,500,000

미처분이익잉여금

	12/31 5,000,000
	잔 액 5,000,000

재무상태표(자본부분)

제1기 20×1년 12월 31일 현재

㈜강남상사 (단위: ₩)

과 목	제1기	
자 본		
자 본 금	5,000,000	
주식발행초과금	1,500,000	
이 익 잉 여 금	5,000,000	
자 본 총 계	11,500,000	

③ 20×2. 2. 1: 이사회의 승인대로 정기주주총회에서 이익준비금 ₩500,000을 적립하고, 현금배당 ₩1,000,000을 지급하기로 결의하다.

(차) 미처분이익잉여금	1,500,000	(대) 이 익 준 비 금	500,000
		미 지 급 배 당 금	1,000,000

④ 20×2. 3. 1: 현금배당 ₩1,000,000을 주주들에게 지급하다.

(차) 미 지 급 배 당 금	1,000,000	(대) 현 금	1,000,000

⑤ 20×2.12.31: 20×2년의 당기순이익은 ₩3,000,000으로, 집합손익 계정을 마감하다.

(차) 집 합 손 익	3,000,000	(대) 미처분이익잉여금	3,000,000

자 본 금

차변	대변
	1/ 1 5,000,000
	잔 액 5,000,000

주식발행초과금

차변	대변
	1/ 1 1,500,000
	잔 액 1,500,000

미처분이익잉여금

차변	대변
2/ 1 1,500,000	1/ 1 5,000,000
	12/31 3,000,000
	잔 액 6,500,000

이익준비금

차변	대변
	2/ 1 500,000
	잔 액 500,000

☞ 미처분이익잉여금(기말) = 미처분이익잉여금(기초) - 현금배당, 적립금 + 당기순이익(손실)
= ₩5,000,000 - ₩1,500,000 + ₩3,000,000
= ₩6,500,000

재무상태표(자본부분)

제2기 20×2년 12월 31일 현재
제1기 20×1년 12월 31일 현재

㈜강남상사 (단위: ₩)

과 목	제2기	제1기
자 본		
자 본 금	5,000,000	5,000,000
주 식 발 행 초 과 금	1,500,000	1,500,000
이 익 잉 여 금	7,000,000	5,000,000
자 본 총 계	13,500,000	11,500,000

☞ 이익잉여금 = 이익준비금 + 미처분이익잉여금(기말)
= ₩500,000 + ₩6,500,000
= ₩7,000,000

MEMO

오 웅 락

숭실대학교 회계학학사
숭실대학교 경영학석사(회계학 전공)
숭실대학교 경영학박사(회계학 전공)
(현) 숭실대학교 경영대학 회계학과 교수
(전) 건양대학교 세무학과 및 부천대학교 세무회계학과 교수
대학수학능력시험 및 세무공무원 시험 출제위원
한국대학교육협의회 대학입학전형 실무위원회 위원
한국세무학회, 한국회계정보학회, 한국회계정책학회 부회장

심 준 용

고려대학교 경영학학사
서울대학교 경영학석사
고려대학교 경영학박사(회계학 전공)
한국공인회계사(KICPA)
(현) 명지대학교 경영학과 회계전공 부교수
(전) 한국생산성본부 근무
삼정회계법인, 유진회계법인 근무
고려대학교 경영대학 연구교수

최 수 정

중국전매대학교(Communication University of China) 국제경제학 학사
미국 클락대학교(Clark University) 커뮤니케이션 석사
미국 캘리포니아주립대학교 로스엔젤레스 분교(UCLA) 회계학 과정수료
미국공인회계사(AICPA), 중국공인회계사(CICPA)
(현) 중국은행 서울지점 재무관리부 차장
(전) EY Hua Ming 회계법인 근무,
시노아메리칸 회계-세무 컨설팅 근무

유학생을 위한 회계원리 Korean Ver.

발행일 • 2022년 3월 25일

지은이 • 오 웅 락 · 심 준 용 · 최 수 정
펴낸이 • 김 대 명
펴낸곳 • 나우퍼블리셔
등록번호 • 2020년 1월 20일 (제2020-000005호)
주소 • 서울특별시 성동구 한림말5길 11 덕성빌딩
전화 • 010-9133-5272 | 팩스 02-6305-3639
전자우편 • nowpublisher@daum.net
홈페이지 • www.nowpublisher.co.kr
ISBN • 979-11-91345-45-2 93320
가격 • 15,000 원